AF242299

CONFÉRENCE

FAITE

à la Société d'Agriculture de l'arrondissement de Béthune

le 6 Décembre 1896.

LE PÉRIL DE LA FRANCE

ET DES PAYS A ÉTALON D'OR

PAR

ERNEST CAMBIER

Industriel, Agriculteur, Maire de Pont-à-Vendin

(Pas-de-Calais).

15 Décembre 1896

DOUAI

IMPRIMERIE L. ET G. CRÉPIN FRÈRES

23, Rue de la Madeleine, 23

1897

LE PÉRIL DE LA FRANCE
ET DES PAYS A ÉTALON D'OR

Tout travailleur s'occupant des intérêts vitaux de notre pays, de la crise agricole et de ses graves conséquences pour l'avenir, qui s'est rendu compte par les statistiques officielles, de la dépréciation de tous les produits agricoles occasionnés par la concurrence des produits des pays à monnaies d'argent, qui, à leur entrée en France ont une prime de 100 pour 100 sur ceux de nos cultivateurs, ne peut que déplorer amèrement l'inertie avec laquelle on a laissé sacrifier les intérêts généraux de la nation aux intérêts anglais et financiers cosmopolites.

Soucieux de l'avenir de mes enfants et voulant autant que possible, les conserver à la mère patrie, je fais cette brochure pour appeler l'attention de nos législateurs et de nos économistes sur l'inégalité, l'infériorité de nos producteurs agricoles qui ont lutté trop longtemps et luttent encore à armes inégales avec les producteurs des pays à monnaies d'argent, la lutte n'est pas possible, il faut qu'ils succombent, si on ne leur donne pas les mêmes armes, le franc d'argent comme à leurs concurrents, ce qui ramènerait la valeur de la monnaie d'or au pair et donnerait à notre agriculture, la prospérité d'autrefois.

Du rôle des monnaies avant la Révolution

Les grands hommes de la Révolution reconnaissant

le trafic déloyal qui se faisait avec la monnaie, qui tantôt augmentait ou diminuait à la volonté des financiers, lesquels donnaient des primes à l'or dans certains pays et de la dépréciation dans d'autres, et vice versa, amenant une instabilité et une perturbation continuelles dans toutes les affaires, voulurent remédier à cet état de chose et donner à la France une monnaie loyale, invariable, qui puisse servir de mesure à la France et au monde.

Qu'appelle-t-on monnaie ?

La monnaie est une portion de métal à laquelle le législateur donne une forme, un poids, une empreinte et une dénomination.

Définition de la monnaie ?

La monnaie est un signe de confiance publique, de matière quelconque, qui sert de mesure à tout ce qui entre dans le commerce, à tout ce qui s'achète et qui se vend.

Lois constitutionnelles des Monnaies

L'assemblée nationale considérant que la monnaie étant la mesure de tout ce qui peut se vendre, elle doit être invariable et avoir le même rapport entre toutes ses parties, ce qui ne peut s'obtenir si on emploie conjointement l'or et l'argent comme mesures constitutionnelles, parce que la proportion entre ces métaux est trop susceptible de variation, et qu'ainsi un seul métal doit servir de mesure ou de monnaie constitutionnelle, qu'un seul métal ne pouvant ni se diviser assez pour donner la mesure des choses du plus bas prix, ni devenir une mesure commode pour les objets d'une grande valeur, il est nécessaire d'avoir d'autres monnaies qui ne seront que des monnaies additionnelles, et représenteront la monnaie constitutionnelle.

Considérant qu'il est de la dignité nationale que l'empreinte des monnaies françaises soit l'assurance légale et sacrée de leur valeur dans le rapport de titres et de poids; a décrété :

ARTICLE 1er. — Il y a deux sortes de signes monétaires en France : la monnaie constitutionnelle et les signes additionnels.

ARTICLE 2. — On emploiera l'argent pour la fabrication de la monnaie constitutionnelle.

ARTICLE. 3. — On emploiera l'or et le cuivre pour la fabrication des signes ou monnaies additionnelles.

Loi du 18 Germinal An III

Les monnaies françaises sont assujetties sous le rapport de leurs divisions au système métrique décimal des poids et mesures. L'unité monétaire a pris le nom de *Franc*.

La loi du 28 Thermidor An III sur les monnaies porte : Que l'unité monétaire conserve le nom de Franc, que le titre de la monnaie d'argent sera de 9 parties de ce métal pur et d'une partie d'alliage.

Huit ans plus tard la loi du 7 Germinal An XI (28 Mars 1803) sur les monnaies répète que 5 grammes d'argent au 9/10 de fin constituent l'unité monétaire sous le nom de Franc, et ordonne de frapper des pièces d'or dans le rapport de 1 à 15 1/2 d'argent.

La loi monétaire française acceptée

par toutes les nations

La loi monétaire française fut acceptée par toutes les nations civilisées du monde, les affaires se traitèrent loyalement sur la valeur légale du franc, qui avait la même valeur dans tout l'univers, avec la différence du transport en France et les frais de frappe.

Ce que nos grands hommes de la Révolution, Mirabeau et autres avaient prévu pour la prospérité de notre chère France, pour le bonheur de tous les peuples, en décrètant notre loi monétaire, se réalisa au delà de toutes les espérances.

A l'instabilité qui régnait en France et en Europe avant la Révolution, instabilité qui entravait les affaires et mettait, pour la vente de leurs produits, tous les producteurs à la merci des financiers qui les exploitaient, a succédé la stabilité, l'honnêteté des affaires, la fraternité de tous les peuples. C'est à cette bienfaisante loi si équitable que sont dus tous les progrès réalisés en ce siècle.

Avec cette loi, l'exploitation des peuples par les financiers n'était plus possible, les prix de toutes choses se nivelaient sur la mesure légale du franc, l'argent étant accepté partout ayant partout même pouvoir libératoire.

Les prix de toutes les marchandises du commerce universel se nivelaient entre eux à peu de choses près, avec la différence des frais de transports.

Les affaires étaient faciles, agréables, le yem chinois, le peso argentin, le piastre mexicain, toutes ces monnaies, dépréciées aujourd'hui de presque la moitié, avaient partout la même valeur, les affaires se faisaient loyalement, pour le bonheur de tous et le bien-être universel. On ne pouvait alors acheter les produits des pays à monnaie d'argent, les payer en or au 1/2 au 1/3 de la valeur et les venir revendre en France en faisant baisser les prix.

De 1803 à 1873 le développement du commerce, de l'industrie, de l'agriculture, la richesse publique, les salaires, tout en un mot suivait une marche progressive, ascendante favorisant le progrès, les relations d'affaires ; la prospérité était générale dans le monde.

Décrets modifiant notre loi monétaire

En 1866. — L'union latine, la France, l'Italie, la Suisse, la Belgique, s'engagent à accepter leurs monnaies réciproquement. On régla la frappe à 6 francs par tête.

La convention monétaire de l'union latine ne portait pas atteinte aux bons effets de notre loi monétaire, la production n'atteignait alors (moyenne de 1866 à 1870) que la valeur de 300 millions d'argent, alors que l'union latine qui réglait la frappe des monnaies d'argent à six francs par tête d'habitant pouvait en frapper plus de 400 millions.

On se demande pourquoi on a apporté cette modification qui n'avait pas sa raison d'être, et le but visé par nos hommes de loi, si ce n'est celui de porter atteinte aux principes immuables de notre loi monétaire, se réservant pour l'avenir, une fois le principe admis, de pouvoir alors risquer d'y porter une atteinte funeste ce qui est arrivé 7 ans plus tard.

Décret du 18 Décembre 1873

L'union latine ramène la frappe à 120 millions au 1/3 de la frappe normale des monnaies d'argent.

Décret du 5 Août 1876

Article 1er. — La fabrication des pièces 5 francs en argent pour le compte des particuliers pourra être limitée ou suspendue par décret.

Article 2. — La présente loi n'aura d'effet que jusqu'au 31 janvier 1878.

Après avoir limité la frappe libre de l'argent de 1873 à 1876, l'argent en lingot n'ayant pu être transformé en monnaies a baissé de prix. Pour en relever le prix, il aurait fallu revenir à la frappe libre, on a fait le contraire, on a fait décréter qu'on pouvait suspendre la frappe des pièces de 5 francs en argent pour les particuliers ; c'était le seul moyen de le faire baisser davantage ce qui eut lieu immédiatement.

Décret du 31 Janvier 1878

Décret demandé par Léon Say et voté.

Les effets de la loi du 5 Août 1876 relatifs à la frappe libre de l'argent sont prorogés jusqu'au 31 mars 1879. Le même jour un autre décret suspend l'admission des lingots d'argent destinés à la frappe des monnaies d'argent pour le compte des particuliers et il continuera jusqu'à ce qu'il en soit autrement ordonné.

Le Ministre des Finances est chargé de l'exécution du présent décret.

Versailles, le 31 Janvier 1878.

Léon SAY.

Décrets illégaux

Les pouvoirs publics ont suspendu la frappe jusqu'au 31 Mars 1879. Depuis cette date (31 Mars 1879) la suspension est illégale. D'ailleurs, les po voirs publics n'avaient pas le droit de modifier l'état de choses existant par la suppression de la frappe, attendu que, l'Etat, les départements, les communes et les particuliers avaient contracté des dettes, et qu'on augmentait considérablement la valeur de toutes les charges et obligations contractées sur la valeur légale du franc.

La crise de 1848, l'argent devient rare, découvertes des Mines d'or. Prospérité considérable.

En 1848, la monnaie devient rare, ce qui amena une crise d'une certaine intensité ; elle aurait pu devenir très grave sans les découvertes des Mines d'Or d'Amérique qui nous en envoyèrent des quantités considérables.

Les financiers et les économistes craignaient alors,
ce qu'ils craignent aujourd'hui de l'argent, que
l'invasion de l'or d'Amérique aurait fait baisser la
valeur de l'or, mais, grâce à notre loi monétaire, il
n'en fût rien, au contraire, tout cet or fut converti
en monnaie, et c'est cette abondance de monnaie,
qui donna à la France, à l'Europe et au monde
entier, cette prospérité générale extraordinaire de
1850 à 1873. Il en aurait été de même avec les
Mines d'argent, si on avait respecté notre loi monétaire et la frappe libre de l'argent ; cette crise
actuelle n'existerait pas, la prospérité de notre
agriculture, notre industrie, notre commerce, le
bien être général, la fortune publique, tout en
un mot aurait continué de marcher progres-
sivement de 1873 à 1896 comme cela marchait de
1850 à 1873.

L'abondance des monnaies amène la prospérité et la rareté amène la pauvreté.

Il en est des nations comme des particuliers ; qui
n'a rien ne peut rien faire, rien créer ; qui a des
capitaux cherche à les utiliser, soit en faisant travailler, soit en les prêtant à intérêts à des travailleurs,
industriels, cultivateurs, qui s'en servent pour créer,
agrandir, faciliter les affaires.

De toute façon, ces capitaux procurent du travail,
facilitent la production nationale, les affaires, les
salaires, ils contribuent à la richesse publique, au
bien-être général. Toute nation doit chercher à avoir

le plus de monnaie possible, à en faciliter par tous les moyens la production, pour assurer la prospérité, du travail à son peuple.

Nos grands législateurs de la Révolution : Mirabeau et autres l'avaient bien compris, en décrétant notre loi monétaire, qui avait mis fin aux abus, aux privilèges, avait favorisé la production nationale, avait enrichi nos cultivateurs et fait de la France la première et la plus riche nation de l'univers.

La valeur des produits est en raison de l'abondance des monnaies

Plus il y a de monnaie dans la circulation publique, plus les prix des produits nationaux sont élevés, et plus grande est la prospérité générale.

C'est bien pour cela que nos législateurs, décrètant notre monnaie constitutionnelle l'argent, ont décrété des monnaies additionnelles l'or et le cuivre, en ordonnant simultanément la frappe des monnaies d'argent et d'or, et en mettant de nombreux hôtels de monnaies à la disposition du public pour en favoriser l a production.

En 1848 la monnaie devint rare, les prix baissent, les blés descendent en 1848, 1849 et 1850 à 15 fr. 30, 15 fr. 37 et 14 fr. 71 l'hectolitre, mais avec les découvertes des mines d'or d'Amérique, la monnaie devient abondante, la valeur de tout augmente et en 1854, 1855, 1856, les blés montent à 29 fr. 25, 29 fr. 55 et 30 fr. 21 l'hectolitre. On peut constater, que depuis plus d'un siécle, les prix du blé ont toujours été en rapport direct avec la valeur de l'argent.

Paiement des 5 milliards.

Aprés nos désastres de 1870, les allemands nous demandèrent cinq milliards pour notre rançon de guerre, ils espéraient qu'en nous demandant cette somme, la France aurait été obligée de se dégarnir d'une grande partie de sa monnaie, qu'il ne lui en serait pas resté suffisamment pour éviter une grave crise, laquelle ne lui aurait pas permis de se relever de ses désastres, mais leurs combinaisons furent habilement déjouées.

D'après un rapport officiel, il résulte que sur les 5 milliards, les 4/5 ont été payés au moyen d'opérations de banque qui ont consisté à acheter surtout des traites sur l'Allemagne, 4 milliards ont été payés en papier, 21 millions 250 mille francs en or anglais, 63 millions 750 mille francs en or français et le reste en argent.

Grâce aux bienfaits de notre loi monétaire, la France était devenue très riche, surtout l'agriculture ; nos 4 ou 5 millions de cultivateurs détenaient dans leurs bas de laine plus de monnaie que le reste de l'Europe ; grâce à cette abondance de monnaie, due à notre loi monétaire, cette France qu'on croyait écrasée, anéantie, se releva plus énergique, plus vivace que jamais.

L'Allemagne au monométallisme or,
Violation de la loi monétaire

Après 1870, imitant l'exemple de l'Angleterre, l'Allemagne se mit à l'étalon d'or, elle ne voulait plus se servir que de monnaie d'or, elle envoya ses thalers en France qu'elle échangeait contre notre or. Des craintes plus ou moins justifiées s'élevèrent contre l'arrivée des thalers allemands d'argent, on prit ce prétexte pour suspendre la frappe libre d'argent, on porta atteinte à notre loi monétaire qui avait fait ses preuves depuis 1803, qui avait donné à la France une si grande prospérité pendant 70 ans, une richesse ignorée de l'Allemagne, et qui, après nos désastres, nous permit de nous relever.

Notre loi, qui avait été travaillée, discutée, étudiée pendant 14 ans par les plus grands génies de la Révolution, fut anéantie d'un coup de plume ; on suspendit la frappe de la monnaie d'argent.

Alors que Mirabeau avait préconisé que la prospérité, la richesse, le bonheur d'un pays dépendent de l'abondance de la monnaie, que le devoir des législateurs est d'en favoriser l'extension par tous les moyens en leur pouvoir.

Le Ministre des finances, on supprime
la monnaie.

Comment qualifier la conduite du Ministre des Finances, qui, au lieu de suivre les conseils de ses devanciers et de travailler pour les intérêts de la France, a sacrifié, inconsciemment peut-être, les grands intérêts de la Patrie en faisant l'opposé de ce qu'il devait faire. Je laisse le public juge.

Il n'y a pas eu seulement la suspension de la frappe libre d'argent, la banque de France fit rentrer du 31 octobre 1873 au 15 juillet 1874, 1.009 millions d'avances, et fit refuser dans tous les établissements publics, ces petits billets divers dont l'émission avait été autorisée.

C'était en 8 mois, retirer de la circulation publique 1.800 millions.

Il fallait un pays aussi riche que la France, pour résister aux fautes qu'on venait de commettre, aux terribles coups qu'on lui avait portés, elle a résisté, mais son avenir a été gravement compromis et sa situation s'aggrave de jour en jour ; il est temps, grand temps d'agir, les milliers de victimes innocentes sont trop nombreuses ; tout à l'heure il sera trop tard, chaque jour de retard perdu, est une perte de plus de 5 millions pour la production nationale et la fortune publique.

Progression du commerce universel

Avant de toucher à notre loi monétaire nos législateurs auraient dû se rendre compte de la marche des affaires.

D'après les chiffres de Neumann, le commerce général du monde était en 1852 de 30 milliards, en 1872 de 72 milliards, soit 42 milliards d'écart en 20 ans soit 140 0/0, une augmentation annuelle de 7 0/0, de 2 milliards 100 millions.

D'après le Dr Sœtb er, le stock des métaux précieux du monde pouvait être en 1867 de 44 milliards de francs.

Pour être en parité avec le mouvement des affaires et en faciliter la progression, il aurait fallu que l'outil monétaire, l'argent, augmentât dans les mêmes proportions, de 7 0/0, 3 milliards par an. Or, pendant cette période, l'année de production la plus importante des métaux précieux du monde, n'a pas donné plus de 1 milliard d'or et d'argent réunis, soit le tiers de ce qu'il aurait fallu pour être au niveau de la progression du commerce universel.

Il y a 30 ans la majorité des cultivateurs industriels, petits commerçants, ne savaient pas ce que c'était qu'une traite, un billet à ordre, les affaires se faisaient paiement en monnaies à 30 jours, 3 mois, 6 mois ou fin de l'année.

L'augmentation du commerce universel, des affaires, a changé cette heureuse situation commerciale ; pour le bien général, il aurait fallu faire suivre la même augmentation de monnaie, on aurait ainsi évité la circulation de tous ces milliards de traites, de billets à ordre, qui sont la terreur d'un grand nombre de producteurs, d'industriels, de commerçants qui les met à la merci des banquiers et financiers qui souvent ne leur donnent pas le temps de respirer pour les exécuter.

Pour mettre la circulation monétaire au même niveau des affaires comme elle l'était en 1852, tous les lingots d'argent du monde ramenés en monnaie ne suffirait pas à beaucoup près, et on a parlé du stock monétaire, de l'abondance de l'argent ; on venait de payer cinq milliards à l'Allemagne, la banque de France retirait de la circulation 1.800 millions de monnaies de papier. La frappe d'argent pouvait seule remédier à cet état de choses des plus regrettables.

Dans l'intérêt général, on aurait dû ne point retirer de la circulation ce milliard 800 millions et faciliter la fabrication des monnaies pour combler le déficit, pour maintenir la prospérité, favoriser la production nationale, et conserver à la France sa richesse publique, pour le bien du peuple français.

La prime de l'or avec notre loi monétaire de 1803 à 1873.

Avant 1873, les métaux précieux avaient partout la même valeur, les déplacements d'or et d'argent d'un pays dans un autre se faisaient avec une prime insignifiante sur le change.

L'Angleterre s'étant mise à l'étalon d'or en 1817, attira tout l'or de France de 1818 à 1850 avec une prime de 1/2, 1/3 pour 100.

De 1820 à 1850, la monnaie d'or devint très rare en France, on ne frappait que de l'argent qui affluait partout, sans que le commerce en souffrit.

En 1852, l'Amérique nous envoya des quantités d'or, on en fit de la monnaie en triplant momentanément la production, cette abondance de monnaie d'or sauva la France d'une grave crise, comme elle pourrait encore être sauvée aujourd'hui si elle reprenait la frappe libre de l'argent.

En 1857, l'Angleterre ayant besoin de beaucoup d'argent pour les guerres des Indes et les achats de coton en Amérique, où la monnaie d'argent était seule reconnue, elle dut s'en procurer beaucoup, avec une prime de 8 pour 1000, elle en eut à profusion.

En 1870, l'Allemagne s'est mise à l'étalon d'or, elle attira l'or chez elle avec une prime de 2 1/2 pour 100 en 1871, qui baissa en 1873 à 9 pour 1000.

Qu'on juge des bienfaits de notre loi monétaire, laquelle a su maintenir pendant 70 ans la valeur des monnaies, malgré la rareté et l'abondance des métaux précieux, malgré la crise de 1848, malgré les demandes nombreuses et imprévues tantôt de l'or et tantôt de l'argent, sans qu'un écart sensible se produisit, qu'on juge de la loyauté des affaires avec notre loi monétaire, de 1803 à 1870, les primes du change varièrent de 1/2 à 1 pour 100.

Aussitôt qu'on eut suspendu la frappe libre de l'argent (des pièces de 5 francs), les primes du change centuplèrent, la prime de l'or monta à 50 et 100 pour 100 dans les pays à monnaie d'argent, qui représentent les 3/4 de la population de l'univers.

La hausse de l'or.

Le 18 septembre 1873, le Ministre des Finances ordonna au Directeur de l'Hôtel de la Monnaie de réduire immédiatement la frappe des monnaies d'argent au 1|3 de la production normale.

2

Cette mesure inattendue impressionna le public qni s'empressa de porter son argent à la monnaie ; il ne tarda pas à y en avoir des stocks pour alimenter la frappe pendant 4 et 5 ans, l'argent baissa, tous ceux qui avaient de l'argent et un besoin urgent de monnaie ne pouvant faire de la monnaie avec leur argent furent obligés de le vendre à perte et d'acheter de l'or dont la hausse fit de rapides progrès. Ce fut l'unique cause de la hausse de l'or.

Les pays neufs, confiants dans le maintien de notre loi monétaire, avaient contracté des emprunts en or, ils avaient toujours payé en argent, ils furent contraints de payer en or ; il leur en fallait à tout prix.

Si notre loi monétaire avait été respectée, le change de l'argent pour de l'or n'aurait été que de 1¡2, 1¡4 pour 100. Les Anglais n'auraient pu refuser le paiement en argent, attendu que, dans moins de 24 heures, on pouvait changer de l'argent en France contre de l'or ou des billets de banque français, mais du jour où, grâce à leur perfidie, ils ont pu très adroitement faire voter par nos législateurs le fatal décret de la suspension de la frappe libre de l'argent, ils ont agi comme de véritables exploiteurs ; ils ont centuplé la valeur du change de l'or, ils ont, d'un seul coup, doublé les dettes de leurs débiteurs ; ils doublèrent leurs revenus en ruinant les pays qui avaient eu confiance en nous, pour faire respecter notre loi monétaire, en attendant que le tour de notre chère France arrive et avant peu si on ne réagit pas.

On ne suit plus les principes préconisés
par Mirabeau

Nos législateurs auraient dû se souvenir des principes préconisés par notre grand Mirabeau, ils n'en firent malheureusement rien, au contraire, ils firent l'opposé, ils décrétèrent la suspension de la frappe libre d'argent, en supprimant d'un trait de plume, la moitié de la monnaie du monde, ce qui augmenta du double, en attendant pis, la valeur de l'or.

Il ne resta donc plus à la disposition du commerce national, que ce seul métal enrichi de moitié, aux profits des Anglais et des financiers cosmopolites.

La mesure honnête fut supprimée, elle n'exista plus.

Il n'y a plus pour les pays à monnaie d'argent de mètre, de poids, de litre, puisque avec une même somme de monnaies, les quantités de marchandises varient avec la mobilité de la hausse illégale de l'or laquelle a, d'un moment à l'autre, des écarts considérables ; on avait avec le l'or à Buenos-Ayres 2 fois autant de marchandises qu'en France ; au Mexique, en Chine, au Japon, une fois plus ; alors qu'avant la suspension de la frappe libre de l'argent, les prix de toutes les choses se nivelaient dans le monde..... avec la différence du prix de transport, l'or et l'argent ayant partout même valeur.

On se fait une idée du désarroi, du bouleversement que cela produisit et produit encore dans les pays à étalon d'or, surtout en France laquelle marche à une catastrophe qui sera d'autant plus grave qu'elle sera longtemps à éclater.

Pourquoi l'Angleterre s'est mise
au monométallisme or.

Pour se rendre bien compte des causes qui ont amené la suspension de la frappe libre d'argent et du but poursuivi par les auteurs de cet acte irréfléchi, inqualifiable, antipatriotique, il faut envisager la situation de la France et de l'Angleterre, cette dernière s'étant tenue à l'écart, n'ayant plus voulu adhérer à notre loi monétaire qui était devenue universelle. En 1817, elle se mit à la monnaie d'or, espérant pouvoir un jour rompre l'équilibre, détruire notre loi monétaire si équitable, qui faisait notre force et nous donnait une si grande prospérité. Pour arriver à leur fin, les Anglais et financiers cosmopolites, jaloux de notre bonheur, consentirent des emprunts avec les pays neufs en mettant le paiement des intérêts et le remboursement en or. La nécessité de créer des voies de communication mit le nouveau monde dans l'obligation d'emprunter aux Anglais et financiers cosmopolites des sommes considérables.

Confiants dans la vaillance et l'honneur de la France pour maintenir sa loi monétaire, ces pays nouveaux consentirent à des emprunts dont les intérêts, au lieu d'être payés en or, étaient toujours, depuis 1|2 siècle, payés en argent.

Nos législateurs de 1803 à 1873.

La France savait à quoi s'en tenir sur la loyauté des Anglais et des financiers cosmopolites lesquels faisaient cause commune avec ceux-ci, ils espéraient en agissant comme ils l'avaient fait, grâce à leurs ruses et à leur plan secret, détruire notre loi monétaire pour revenir aux privilèges monstrueux d'avant la Révolution, pour faire augmenter la valeur de la monnaie seul moyen d'augmenter leurs intérêts, de s'enrichir avec la sueur des travailleurs et la misère de tous les peuples. Mais les hommes d'Etat français, si clairvoyants alors, ne se laissèrent point prendre aux pièges tendus par les Anglais; s'inspirant des bienfaits de notre loi et des conseils de Mirabeau, ils résistèrent, l'Angleterre ne put rien jusqu'en 1873, elle dut se contenter de recevoir ses intérêts en argent.

Nos législateurs après nos désastres de 1870.

Malheureusement pour la France et le monde entier, après nos désastres de 1870, on eut le malheur de confier les grands intérêts de la patrie à des législateurs dont la majorité était inexpérimentée. Ce fut un grand malheur pour notre chère France menacée de désastres bien plus terribles pour elle que ne le furent la guerre et l'invasion.

Les Anglais et les financiers triomphent.

Ce que les Anglais et financiers cosmopolites ne purent obtenir de nos législateurs éclairés de 1817 à 1873, ils l'obtinrent en 1873.

Ils redoublèrent d'intrigues, accaparèrent la presse et grâce à leurs capitaux et leur perfidie, ils purent très adroitement, aidés par leur grande influence donner leur impulsion à nos hommes d'Etat, les inspirer de leurs conseils et leur faire partager leur manière de voir. Ils obtinrent aux finances, un ministre qui sut bien faire leur affaire et sut travailler au profit de ceux qui l'avaient mis au pouvoir et leur plan réussit.

Les conséquences pour la production nationale

Les terribles conséquences ne tardèrent pas à se faire sentir. A la stabilité, à la loyauté des affaires, à cette prospérité progressive ascendante qui duraient depuis 70 ans pour le bonheur universel et pour l'humanité, a succédé le privilège monstrueux des spéculateurs de l'or, des financiers cosmopolites et des Anglais.

Nos pères avaient fait la Révolution, pour supprimer les abus, les privilèges et la dîme, mais ces privilèges n'étaient rien comparés à celui que la France tolère avec la violation de la loi monétaire, ce n'est plus la dîme, un dizième de leur récolte qu'on impose aujourd'hui à nos cultivateurs, on les met dans l'obligation de vendre les produits nationaux au cours des pays à monnaie d'argent, à 50 0/0 de leur valeur réelle en France, puisque, avec notre monnaie, les pays producteurs à monnaie d'argent, font chez eux le double des monnaies de leur pays, de sorte que, beaucoup de producteurs français sont ruinés ou à la veille de l'être et que plus on laisse faire, plus notre pays s'appauvrit, plus les ruines s'accumulent les unes sur les autres jusqu'à ce qu'il succombe. Dans une précédente brochure, 10 mars

1896 : *La perfidie des anglais dévoilée; La loi monétaire; Les graves conséquences pour la France d'avoir renié les principes de Mirabeau*, j'ai démontré comment les anglais et les financiers cosmopolites purent, en quelques années, grâce à la hausse de l'or, réaliser des fortunes considérables au détriment de tous nos cultivateurs.

Il avait bien raison Bismarck, quand il disait il y a 20 ans, que la France aurait eu son Sedan agricole, industriel et financier.

Puissions-nous n'avoir que notre Sedan agricole et éviter les deux autres, en revenant immédiatement à la frappe libre d'argent.

La situation se modifierait pour notre pays, il pourrait, peut-être, avec le temps, regagner une partie de ce qu'il a perdu.

L'Angleterre, ce qui fait sa prospérité

L'Angleterre est un pays essentiellement commerçant et industriel.

L'importance de ses colonies, dix fois plus peuplées que la métropole, son importante marine marchande, son industrie et son commerce, font vivre les 7/8 de la nation et en font sa force, sa vitalité, sa prospérité et sa richesse.

L'Agriculture n'est que secondaire, le sol et le climat ne sont pas propices aux grandes productions agricoles, elle a toujours importé beaucoup d'objets d'alimentation, elle n'occupe que 1/8 de la population, et en raison des primes accordées aux produits des pays à étalon d'argent, elle a été sacrifiée, elle n'a plus guère d'importance, c'est ce qui explique le sort de la malheureuse Irlande et sa ruine, que les Anglais regretteront le siècle prochain.

|La France et sa production agricole.

La France est un pays essentiellement agricole. Elle possède un sol très riche qui se plaît aux grandes productions de presque tous les objets de consommation.

L'agriculture y représente la richesse nationale, la vitalité de la nation ; elle est la ressource de plus des 3|5 de la population.

Sa production nationale était en 1882 d'environ 15 milliards, c'est de la valeur de cette grande production qui est l'âme de la France, que dépendent l'avenir, la prospérité nationale, le bien-être de la majorité des français, son rang dans le monde et sa fortune publique ; elle est, pour la France, bien supérieure à ce que l'industrie, le commerce et la marine sont pour l'Angleterre.

Les effets de la suspension de la frappe d'argent pour le nouveau monde.

Après le fatal décret de 1873, les anglais et les financiers comopolites qui avaient toujours reçu les remboursements et intérêts d'emprunts en argent exigèrent de l'or.

Les nations qui avaient souscrit ces emprunts durent s'exécuter, l'or augmenta dans des proportions considérables, les anglais et les financiers cosmopolites, sans scrupules, en profitèrent pour doubler leurs intérêts, leurs revenus. Tous ces pays nouveaux et autres, qui, confiants dans notre loi monétaire française, comptaient sur l'honnêteté, la force de la nation et le caractère loyal du peuple français pour maintenir la loi monétaire de nos pères, furent exploités de la façon la plus monstrueuse, avec la hausse illégale de l'or, ils durent payer le double, certains ne purent résister, la République Argentine, la Grèce, le Portugal suspendirent momentanément leurs paiements, d'autres continuent de payer le double jusqu'à ce qu'ils succombent sous la rapacité de l'Angleterre et des financiers cosmopolites et l'Europe tolère encore pareille monstruosité, et la France n'a pas le courage d'arrêter tout cela en revenant immédiatement à notre loi monétaire qui n'est pas abrogée.

Un décret suffit pour la remettre en vigueur et tous les peuples du monde en sentiraient immédiatement les effets salutaires. La situation changerait à l'avantage de nos cultivateurs. Les prix se relèveraient, la prospérité renaîtrait partout.

Spéculations effrénées des Anglais et des financiers cosmopolites dans les pays à monnaie d'argent avec l'or de la Banque de France.

La monnaie d'or ayant doublé de prix dans les pays à monnaie d'argent, les financiers cosmopolites importateurs et les anglais en profitèrent pour réaliser des fortunes incalculables au détriment des producteurs européens, et surtout des cultivateurs français, en amenant dans les ports de l'Europe des produits qu'ils avaient payés avec une prime de change de 100 0/0 et même plus ; ils ont fait baisser les prix graduellement en ruinant nos cultivateurs et en réalisant des fortunes fantastiques.

Il ne suffisait pas encore à ces financiers cosmopolites et aux Anglais, que la France, en suspendant la frappe d'argent, leur ait permis de doubler leurs revenus, en reconnaissance, ils profitèrent des abus monstrueux de la hausse de l'or pour ruiner notre agriculture et avec l'or, qui est à leur disposition à la Banque de France, ils ruinèrent en partie notre riche production nationale, si on continue de les laisser faire, ils la ruineront complètement.

Avec la prime de change sur l'or, les anglais ont favorisé la production des sucres à Cuba en les achetant avec une prime du 1/3, ou du 1/4 de leur valeur, ils ont fait baisser les sucres sur le marché de Londres, ce qui a probablement amené l'effondrement du prix il y a plusieurs années.

Il en est de même des alcools qui ruinent tous les producteurs et laboureurs de betteraves S'il faut à un distillateur de grains environ 300 kilog. de riz pour faire un hectolitre d'alcool à 90 degrès, 300 kilog. de riz à 12 francs = 35 francs, 10 francs de frais, 46. Si avec la prime du change il ne paie le riz que 7 francs, il lui en faudra 300 kilog à 7 francs = 21 francs, frais 10 francs soit 31 francs ; voilà comment on produit des alcools de grains à bon marché et qu'on ruine les planteurs de betteraves qui ne peuvent plus les vendre.

Les intérêts anglais. — Leurs importations d'objets d'alimentation. — Les bénéfices du change.

L'Angleterre étant obligée d'importer beaucoup de produits de consommation, avait un intérêt majeur à les avoir à vil prix, elle profita de la hausse de l'or pour acheter, dans les pays à monnaie d'argent, une partie des objets de consommation, et faire baisser ceux de l'Europe et de la France.

L'Angleterre a importé en 1895 :

Animaux vivants . . .	224.156.300	fr.
Objets d'alimentation exempts	3.503.140.400	fr.
id. taxés	627.414.820	fr.
Total . .	4.354.711.520	fr.

En admettant une baisse moyenne de 50 0/0 sur l'ensemble des prix de tous les produits, elle aurait réalisé, 2.177.355.000 francs, rien que sur les objets d'alimentation ; en prenant la même moyenne pour les 15 dernières années, de 1881 à 1896, sur l'ensemble des objets d'alimentation, on arriverait, avec les intérêts, à environ 35 milliards de francs, je ne prends que 15 années bien qu'il y ait 23 ans que l'or fait prime.

Après cet exposé, on comprend pourquoi l'Angleterre n'a jamais voulu d'entente avec les autres nations pour revenir au bi-métallisme international.

Prix des blés en France.

Moyenne des années	Hectolitre	Quintal	Droits d'entrée
1851–1860	22.15	28.70	0
1861–1870	21.47	27.87	0
1871–1880	23.09	30 »	0
Année			
1881	22.28	28.93	0
82	21.52	27.94	0
83	19.76	25.66	0
84	17.76	23.06	0
85	16.80	21.81	2
86			
87	18.13	23.54	5
88	18.87	24.50	5
89	18.45	23.96	5
90	19.45	23.96	5
91	20.58	26.72	3
92	17.87	23.20	5
93	16.55	21.49	5
94	15.50	20.12	7
95	14.60	18.83	7
96	14 »	18.00	7

Les Anglais ont importé environ 68.000.000 quintaux de blé en 1895 à 13 fr. 884.000.000 fr.

S'ils les avaient payés les prix moyens de 1871-1880 soit 30, mettons 29, ils auraient

payé	1.972.000.000 »
au lieu de	884.000.000 »
ils ont réalisé un bénéfice de	1.088.000.000 »

rien que sur les blés en 1895.

50 milliards réalisés par les Anglais
et les financiers cosmopolites

Si l'Angleterre a, comme on le dit, prêté 20 milliards aux deux Amériques, en recevant en or, elle double ses revenus, soit 1 milliard en plus et 2177 millions qu'elle réalise sur les importations des objets d'alimentation, soit 3.177 millions, il n'y aurait pas d'exagération en estimant à 323 millions les autres bénéfices qu'elle a pu réaliser avec le trafic de sa marine et les achats d'autres produits venant des pays à monnaie d'argent primés de 100 pour 0/0 ; elle aurait donc réalisé 3 milliards 1/2 en 1895 ; en prenant l'année 1895 comme moyenne des 15 dernières années, l'Angleterre aurait réalisé en 15 ans, avec la hausse de l'or (avec la *saine monnaie* ainsi appelée par les Anglais et les économistes) des bénéfices se chiffrant à la somme de 50 milliards. Il faut reconnaître que les Anglais savaient ce qu'ils faisaient en détruisant notre loi monétaire à laquelle, d'eux-mêmes, ils ne reviendront jamais.

30 milliards perdus sur l'ensemble de la
production agricole 20 % de baisse

Avant l'invasion des produits agricoles des pays à monnaie d'argent, la valeur de notre production agricole était estimée à environ 15 milliards ; en supposant que la moitié de cette production soit consommée par les cultivateurs, il restait 7 milliards 1/2 qui se transformaient par la vente en monnaie, cette quantité de monnaie était nécessaire à la prospérité générale, au développement et au progrès de l'agriculture, du commerce et de l'industrie, la circulation des 7 milliards 1/2 de monnaie qui, allant de mains en mains, facilitait les affaires et alimentait les recettes budgétaires ; en admettant depuis 20 ans, de 1876 à 1896, une baisse moyenne de 20 0/0, on arriverait au chiffre de 1 milliard 1/2 par an, en 20 ans, 30 milliards, qui ont manqué dans la circulation publique depuis la destruction de notre loi monétaire, c'est un panama qui se renouvelle annuellement augmenté des intérêts car tous les ans les pertes augmentent.

Les droits protecteurs

Pour remédier à l'invasion des blés étrangers qui venaient avilir les prix et inonder les marchés français, nos représentants votèrent des droits d'entrée très élevés, malgré ces droits d'entrée très élevés, les cours se sont dépréciés de plus en plus mettant les producteurs en pertes sérieuses.

Dans une circulaire du 4 décembre 1894 ; « *Les causes de la crise et le remède* », j'ai démontré que les droits ne produisent aucun effet utile, ils sont annihilés par les primes énormes du change, accordées aux produits des pays à monnaie d'argent.

Les intérêts français — Moyenne des prix du blé de 1871 à 1880 comparée à 1895-1896.

D'après la statistique agricole de France publiée par le Ministre de l'Agriculture, dans les résultats de l'enquête décennale de 1882, on voit que de 1871 à 1880, les prix du blé, moyenne des 10 années, est de 23 fr. 09 l'hectolitre ou 30 fr. les 100 kilos.

La production de toutes les céréales, paille comprise, a été estimée, en 1882. à 5 milliards 375 millions 225 mille francs.

L'entrée en France des produits des pays à monnaie d'argent, ont fait baisser graduellement les prix des céréales et des autres produits et malgré les droits protecteurs de 7 francs au quintal, les blés ont continué à baisser pour se vendre, en 1895 et 1896, 14 francs l'hectolitre, soit 9 francs de baisse, ce qui, pour notre région, ferait (production moyenne 35 hectolitres à l'hectare) 315 francs l'hectare, alors que la location en est de 130 francs.

En prenant les mêmes proportions de baisse de prix pour les autres céréales et la paille, la différence serait de 9/23 des 5.375.225 mille francs ou de 2 milliards

Un Panama doublé en 1895-1896.

Si on compare les années 1895-1896 à 1882, en supposant pour les céréales la même production, la différence sur la valeur des céréales est de 2 milliards pour 1/3 du territoire agricole, on ne me taxera pas d'exagération en estimant la baisse de production des 2 autres 1/3 à 1 milliard, la perte aurait doublé ces dernières années sur la moyenne des 20 précédentes, au lieu d'un panama, nous en aurions eu 2 en 1895 et 1896, on ne pourrait le croire, si les chiffres n'ètaient pas là pour nous convaincre.

Quelle serait la situation de notre pays, si tous ces nombreux milliards mentionnés plus haut avaient continué de circuler comme par le passé, que de progrès, que de constructions, que d'améliorations on aurait faits dans l'agriculture et l'industrie, que de sacrifices on aurait pu faire pour défendre la production nationale, notre marine marchande et notre commerce d'exportation, atteint aussi dans des proportions affligeantes, comparées à nos voisins.

La consommation, la production nationale, agricole. industrielle, auraient suivi leur marche progressive, amenant dans le budget national des excédents.

Le sol, les propriétés bàties auraient conservé leur valeur. on ne verrait pas toutes ces usines abandonnées, des miennes de ce nombre, des fermes et des terres inexploitées, là où régnaient, il y a vingt ans, la prospérité, la richesse et le bonheur pour tous.

Les conséquences de la crise
sur la richesse et la production agricole et
industrielle de la ville de Carvin.

Il n'y a pas que la production nationale qui soit atteinte ; et la richesse publique ? la valeur du sol est diminuée de 30 à 60 0/0 dans les départements agricoles les plus riches. Je prends le relevé de ce que la ville la plus près de chez moi a perdu, en prospérité, en richesse publique. en production agricole et industrielle et en salaires.

Estimation de la valeur des terres, des revenus de la production agricole et industrielle du territoire de la ville de Carvin. (Pas-de-Calais).

Année 1876 comparée à 1896

	1876	VALEUR DES TERRES	1896	Pertes pour 100
1.000 hect à 9.000 = 9.000.000	1.000 hect. à 4.500 = 4.500.000			
1.000 id. à 8.000 = 8 000.000	1.000 id. à 3.500 = 3.500.000			
500 id. à 7.000 = 3.500 000	500 id. à 1.800 — 900.000			58|100
300 id. à 6.000 = 1.800.000	300 id. à 1.400 = 420.000			

22 300.000   9.320.000

Diminution de la valeur des terres 12.980.000

PRODUCTION AGRICOLE :

1.000 hec. de better. à 1.100 = 1.100.000   1.000 hect. de better. à 650 = 650.000
800 id. de blés à 750 = 600.000   800 id. de blés à 500 = 400.000
300 id. d'avoine à 550 = 440.000   800 id. d'avoine à 350 = 230.000   37/100
200 id. divers à 500 = 100.000   200 id. divers à 300 = 60.000

2.240.000   1.390.000

Diminution de la valeur des récoltes 850.000

REVENUS :

2 800 hectares à 260 = 728.000   2.800 hectares à 120 = 336.000   53|100

Diminution de la location 392.000

Estimation de la valeur de l'industrie de la ville de Carvin

	1876		1896	Pertes pr 100
4 sucreries à 400.000	1.600.000	Sucreries disparues	000.000	
2 distill. à 200.000,		1 transform. en huil.	150.000	
(vinaigrerie)	400.000	2 distiller. vinaigrer.	250.000	
Autres ind. diverses	1.000.000	Autres industries	1.000.000	49|100
Mines houillères 3.800		Mines houillères 3.800		
actions à 2.000	7.600.000	actions à 1.050	3.990 000	
(Elles ont été vend. jusque 4.000)				

10.600.000   5.390.000

Diminution de la valeur de l'industrie 5.210.000

PRODUCTION INDUSTRIELLE

4 sucreries à 300.000	1.200.000	Sucreries disparues	000.000
2 distilleries à 200.000	400.000	1 transform. en huil.	150.000
Industries diverses	1.200.000	2 distilleries	200.000 42|10|0
Mines Houillères		Industries diverses	1.100.000
300 000 tonnes à 15	4.500.000	Mines houillères	
		250.000 tonnes à 11	2.750.000
	7.300.000		4.200.000

Diminution de la production et de la valeur des produits
de l'industrie 3.100.000

BÉNÉFICES OU REVENUS DE L'INDUSTRIE :

4 sucreries à 40.000	160.000	1 huilerie	25.000
2 distilleries à 25.000	50.000	2 distilleries	25.000
Autres industries	200 000	Autres industries	200.000 59|100
Mines houillères 3.800		Mines houillères 3.800	
actions dividende 150	570.000	actions dividende à 40	152.000
(On a donné pendant			
plusieurs années 200)			
	980.000		402.000

Diminution des bénéfices ou revenus de l'industrie 578.000

VITALITÉ OU SALAIRES :

2.800 hectares à 150		2.800 hectares à 150	
main d'œuvre	420.000	main d'œuvre	420.000
4 sucreries à 35.000	140.000	Sucr. supprim. 1 huil.	15.000
2 distilleries à 20.000		2 distilleries vinaigrerie	25.000
vinaigrerie	40.000	Divers	50.000
Divers	50.000	Mines houill. 250.000	
Mines houill. 300.000		tonnes à 6 fr.	1.500.000
tonnes à 6 fr.	1.800.000		

Valeur de la disparition des salaires 440.000 fr.

Résumé total :

Diminution de la valeur des terres et de l'industrie. . .	18.190.000
id de la production agricole et industrielle. . .	3.950.000
id. des bénéfices ou revenus.	980.000
Disparition des salaires.	440.000
	23.560.000

On se demande pendant combien de temps, on
pourra encore payer les salaires au taux actuel.

La situation de tous les producteurs s'aggrave de plus en plus. Je reconnais que l'industrie houillère de Carvin est très éprouvée, les mines ne sont pas riches, elles ne sont pas à comparer avec les autres houillères du Pas-de-Calais, qui ont également eu beaucoup à souffrir de la baisse du charbon, qui suit le mouvement de baisse générale de tous les produits, occasionnée par la suspension de la frappe libre de l'argent, qui paralyse toutes les affaires, et porte une si grave atteinte à la prospérité générale.

Nos houillères du Pas-de-Calais n'ont pas la prospérité qu'elles devraient avoir ; leurs nombreux ouvriers en souffrent.

Mais pour notre agriculture, qui est le tronc de l'arbre de salut de la fortune publique et de la vitalité de la majorité du peuple Français, alors que l'industrie n'en représente que les branches, elle a vu, à Carvin, baisser la valeur des terres de 58/100, la valeur de la production baisser de 37/100, les revenus de la terre de 53/100, les industries agricoles (sucreries) disparaître.

Est-on étonné de l'arrêt dans les progrès de la consommation de beaucoup d'objets d'alimentation et de la mévente des vins. Avant la violation de notre loi monétaire, les propriétaires, cultivateurs, petits rentiers, négociants et intermédiaires des régions du Nord, du Centre, de l'Est et de l'Ouest, qui tous prospéraient, n'hésitaient pas alors d'acheter tous les ans une pièce ou deux de bons vins, aujourd'hui ils ne peuvent plus en acheter, ils se contentent de boire du cidre, de la bière et de l'eau. Voilà la principale cause de la mévente des vins, si notre loi monétaire avait été respectée, notre agriculture aurait conservé sa prospérité, la consommation des bons vins de France, leur vente et leurs prix se seraient maintenus à la satisfaction générale.

C'est pénétré de la conviction que nous marchons à une catastrophe, (si on ne réagit pas) que j'ai pris le parti de faire ce travail pour sauver nos cultivateurs comme je voulais aussi, il y a 20 ans, avec l'impôt sur la betterave, sauver nos nombreux fabricants de sucre tombés, c'est pour donner des preuves évidentes, des chiffres réels, qui puissent convaincre tous les théoriciens, tous les hésitants, qui ne veulent point se rendre à l'évidence, et reconnaître que notre agriculture se meurt, qu'on ne peut plus prolonger plus longtemps son agonie.

Le remède est trouvé, préconisé, par notre Grand Mirabeau ; il a sauvé nos pères il y a un siècle, il nous sauverait encore aujourd'hui si on avait le courage de reprendre immédiatement notre loi monétaire, la frappe libre de l'argent, des pièces cent sous.

La France se trouvera prise pour les sommes qui lui sont dûes

La violation de notre loi monétaire, a porté également atteinte à la prospérité des nations auxquelles nous avons prêté de nombreux milliards ; elles sont comme nous, victimes de la hausse illégale de l'or et

voient, comme nous, leur production concurrencée
par les produits des pays à monnaie d'argent, quand
elles seront ruinées par ces primes déloyales de 100
pour 100, comment feront-elles pour nous payer et
nous rembourser les intérêts et les milliards qu'elles
nous doivent ?

Nos législateurs feraient bien d'y penser.

La France est plus victime que les autres nations

La France est le pays de l'Europe qui a le plus
perdu dans la malheureuse question monétaire. Les
produits que l'Angleterre a eu intérêt à faire baisser
avec la hausse de l'or furent les produits agricoles :

1° Pour avoir la consommation de son peuple à
vils prix et réaliser les 2 milliards d'économie mentionnés plus haut ; 2° pour abattre notre prestige
dans le monde et nous atteindre dans notre richesse
nationale, dans notre vitalité, pour ruiner notre agriculture jadis si riche, qu'elle espère ruiner en faisant
baisser les produits agricoles de 50 pour 100,
comme elle a pu le faire depuis quinze ans, avec les
primes de change de 100 pour 100 des pays à
monnaie d'argent.

L'Allemagne n'a pas souffert autant que nous à
beaucoup près. La production agricole n'y est pas
aussi conséquente, elle a trouvé dans la production
industrielle, plus importante que la nôtre et son
commerce plus considérable, une légére compensation
à la crise agricole.

C'est la France qui est atteinte au cœur, elle peut

reprendre sa loi monétaire pour changer la face des choses et ses législateurs hésitent ! pourquoi ? alors que la France a encore assez de puissance, de richesse, de force et de vitalité, qu'elle peut revenir à sa loi monétaire, rendre à notre agriculture la prospérité, nos législateurs attendent avec confiance, espérant que l'Angleterre viendra de bon gré au bimétallisme international, c'est de la naïveté. Non ! l'Angleterre n'y viendra pas, à moins qu'elle n'y soit forcée comme avant 1873, elle est trop heureuse de nous voir dans le marasme. Ce qu'ils doivent rire, les législateurs, les hommes d'Etat anglais de nous rouler et nous ruiner comme ils le font, il faut avouer qu'il y a de quoi.

La protection n'avait pas sa raison d'être d'autant plus qu'elle ne produit aucun effet utile

D'aprés ce que j'ai démontré, on est obligé de reconnaître que nos législateurs n'ont pas été à la hauteur des hommes d'état anglais, ils auraient dû s'enquérir de ce qui se passait en Angleterre, de tous ces trafics honteux des spéculateurs d'or, et au lieu de la protection, revenir à la frappe libre de l'argent avec la liberté commerciale, le libre échange que nous n'avons pas, attendu que les primes d'entrée dont bénéficient les produits étrangers entrant en France, sont de beaucoup supérieurs aux droits d'entrée.

Avec le libre échange et notre loi monétaire, les producteurs du monde régularisant eux-mêmes dans une fraternité commune les prix de toutes les choses

comme ils l'ont fait de 1803 à 1873, ils régularise-
raient avec la même entente leur production en
conséquence et les prix redeviendraient ce qu'ils
étaient de 1870 à 1880, soit pour les blés 23 francs
09 centimes l'hectolitre ou 30 francs les 100 kilos.

La situation commerciale de la France comparée à l'Allemagne

Il n'y a pas que l'agriculture qui souffre, Le
commerce extérieur de la France, est aussi un chiffre
à considérer, il est une des preuves irréfutables de la
vigueur et de l'avenir d'un pays.

Il y a quinze ans, le total du commerce extérieur
de la France s'élevait à 8 milliards 500 millions, et
dépassait le total du commerce extérieur de l'Allemagne de 1 milliard 1/2, il montait alors à 7
milliards.

Eu 1894 le chiffre de la France n'est plus que
6.928 millions, celui de l'Allemagne atteint 9 milliards 280 millions.

Nous avons diminué d'un milliard 1/2, quand les
Allemands ont augmenté de 2 milliards 280 millions,
différence 3 milliards 780 millions, que l'Allemagne
a gagné sur nous en un an. Elle a trouvé dans l'industrie et le commerce une compensation à la souf-
france de son agriculture,

Si la France avait conservé sa loi monétaire,
l'Allemagne n'aurait pu la supplanter comme elle
l'a fait, c'est encore une conséquense du fatal
décret.

La différence des prix de tout le stock de l'argent en lingot comparé à la monnaie n'est rien en comparaison des pertes subies par la France.

D'après un rapport officiel, sur les 1.500 millions d'habitants qui composent la population du monde, 24 0/0 359 millions se servent de la monnaie d'or, et 76 0/0 1.171 millions se servent de la monnaie d'argent sur la mesure légale du franc.

En supposant la production annuelle de l'argent à 1 milliard de francs, à 50 0/0 de pertes, il y aurait 500 millions d'écart entre cette quantité d'argent brut et d'argent monnayé, la valeur d'une production de 10 années ne donnerait que 5 milliards qui ne serait pas à comparer avec ce que la France a perdu dans la valeur de la production nationale, dans la diminution de la valeur du sol, de la fortune publique et de tout en général. Mais la France n'est pas seule à consommer cette production, les 3/4 du monde, la Chine, le Japon, le Mexique, l'Amérique du Sud en ont besoin comme nous.

Le stock de toute la production de l'argent en lingot ne pourrait à beaucoup près, donner au commerce universel actuel, la parité des monnaies qui existaient en 1852 par rapport au commerce universel de cette époque, la différence serait encore considérable. Ce stock trouvera à s'écouler d'une façon des plus rapides, car ce milliard doit alimenter les 76 0/0 de la population du globe, et il est malheureusement à craindre que nous n'en ayons jamais assez pour nos besoins.

Qu'est-ce qu'un milliard à répandre dans le monde entier ? un peu plus de 50 centimes par an et par tête d'habitant.

N'est-il pas étonnant d'entendre dire que la France ne peut reprendre la frappe libre d'argent sans une entente internationale, que l'Angleterre seule empêche. Quand la France a d'avance, avec elle, les 3/4 du monde, qui respectent encore sa loi monétaire, notre monnaie constitutionnelle, notre franc, 5 grammes d'argent.

Les effets de la violation de notre loi monétaire sur le commerce extérieur de la France. — Pertes : 17 milliards en 20 ans.

Dans le commerce extérieur de la France de 1865 à 1875, les exportations et les importations de l'ensemble des 10 années se nivelaient annuellement, s'équivalaient à 10 millions près.

Mais du jour où les Anglais (nos bons amis) et les financiers cosmopolites ont pu profiter des primes monstrueuses du change des pays à monnaie d'argent, notre production nationale a été atteinte profondément, nous avons été concurrencés déloyalement par des produits étrangers, et nos importations ont augmenté. De 1875 à 1885 nous avons importé ou acheté à l'étranger pour 9 milliards 250 millions de plus que nous ne leur avons vendu, et de 1885 à 1895 pour 8 milliards 200 millions, soit 17.450 millions de francs qui ont été drainés à la France en 20 ans, par suite de la hausse illégale de l'or qui nous a mis sur le pied d'infériorité avec les producteurs des pays à monnaie d'argent ; les armes sont inégales, nous ne pouvons plus lutter.

L'Angleterre en a profité, elle s'est enrichie à nos dépens avec notre argent, ce qui ne serait pas arrivé, si on avait conservé la loi monétaire, si on nous avait laissé les mêmes armes.

Pertes [pour la production agricole qui aurait dû remplacer les 17 milliards d'importation d'objets de consommations et de matières premières.

Dans les statistiques des objets de consommations entrés en France en 1894 et 1895, on voit figurer pour les

	1894	1895
Viandes	47.979.000 fr.	42.652.000 fr.
Beurre et fromages	35.662.000 »	33 323.000 »
Farineux alimentaires	31.603.000 »	29.704.000 »
Céréales	364.360.000 »	171.523.000 »
Bestiaux	131.964.000 »	113.115.000 »
	611.568 000 »	390.317.000 »

moyenne des 2 années 500 millions

Tous ces produits entrent en France avec une prime énorme sur le change ; si notre loi monétaire avait été respectée, cette prime déloyale n'aurait pas existé, la valeur de tous ces objets dont la moyenne s'élève à 1/2 milliard, aurait été produite par nos cultivateurs, si les blés s'étaient maintenus à 30 francs le quintal, les bestiaux et le reste, comme aux taux moyens de 1870 à 1880, non, la France n'aurait pas importé ces blés et autres produits qui auraient enrichi nos cultivateurs, ces 500 millions seraient restés dans leurs mains comme cela était avant 1873.

Il en est de même pour les matières premières, il en est entré en 1895, toujours avec des primes énormes du change.

Graines oléagineuses	168.561.000 fr.
Lin	75.505.000 »
Laines	322.442.000 »
Soie	212.796.000 »
	779.304.000 »

Il y a 25 ans, les régions du Nord et de l'Ouest produisaient les colzas, les œillettes et les lins ; c'étaient les plus belles récoltes et les plus fructueuses.

Qui ne se rappelle tous ces champs, jaunes, bleus et blancs qui faisaient de nos plaines des jardins de fleurs, le jardin de l'univers.

Ces magnifiques récoltes qui donnaient en moyenne plus de 1.000 francs de produits à l'hectare et les meilleurs assolements pour les blés, ont été les premières anéanties par la concurrence déloyale des produits des pays à monnaie d'argent qui, avec les primes, ont ruiné toutes ces riches récoltes disparues pour notre agriculture.

Les producteurs de cocons ou vers-à-soie ne sont pas plus heureux, de 5 francs le kilo, les prix sont descendus à 2 francs 50, parce que les mêmes produits venant de Chine ou du Japon ont une prime de 100/100, avec 20 francs de monnaie française, ils en font 40 chez eux, en vendant 2 francs 50 de monnaie de France, ils reçoivent en réalité 5 francs de monnaie de Chine, ils ruinent nos producteurs et eux s'enrichissent.

Le comble, c'est que nous donnons des primes à la sériculture et à la marine marchande pour transporter à vils prix tous les produits déjà si primés qui nous font concurrence, il va de soi que ces primes aggravent encore la situation des producteurs français en grevant considérablement notre budget.

Il en est de même pour les laines de l'Amérique du sud, où les primes sont encore plus élevées.

Dans le total de ces matières premières, 779 millions, sans les primes du change, notre agriculture aurait continué de produire les lins, les colzas et œillettes et la moitié des laines et vers-à-soie, en ne prenant que la moitié de cette production de 779 millions, on arrive à 389 millions qui, joints aux 500 millions d'objets de consommation, font un chiffre de 889 millions qui représentent le chiffre annuel de l'augmentation de nos importations.

Voilà comment nos importations qui se nivelaient de 1865 à 1875 ont augmenté de 17 milliards 450 millions de 1875 à 1895.

Baisse sur les prix des marchandises
de 1857 à 1896

La suspension de la frappe d'argent n'a pas seulement fait diminuer la valeur des produits agricoles, elle a amené une baisse générale de la valeur de tous les produits industriels, du commerce, par suite de la hausse illégale de l'or, de la rareté de la monnaie.

Pour faire la comparaison des prix, des économistes ont pris pour base ceux de tous les produits du commerce en 1857, en les représentant par le chiffre 100 ; on voit peu de variation dans les prix de 1857 à 1869 ; par suite de la guerre, les prix s'élevèrent de 1869 à 1875, pour reprendre leur cours normal de 1875 à 1879. A partir de cette date, les effets des primes du change se font sentir, les prix baissent graduellement d'une façon continue, pour descendre en 1894 et 1895 à 60 francs au lieu de 100, sur les marchandises importées.

Sur les marchandises exportées, celles de la France, la différence est encore plus grande de 1857 à 1870, les prix sont descendus à 73 francs, de 1870 à 1880 à 54 francs, de 1880 à 1890 à 48 francs, pour descendre de 1890 à 1895 et 1896 à 34 francs ; ce n'est plus une baisse, c'est un effondrement que la reprise de la frappe libre d'argent peut seule arrêter en supprimant les primes du change, cause de tout mal.

La baisse des produits agricoles a occasionné la baisse des produits industriels. L'année 1894 comparée à 1890, en estimant la valeur de toutes les choses en ces 2 années, donne pour notre commerce extérieur une différence de 673 millions à l'importation et 368 millions à l'exportation, soit 1 milliard 41 millions de baisse de prix, soit 15 0/0 en 5 ans. Un milliard 41 millions de moins d'argent dans les mains de nos producteurs industriels en cinq ans, pour une même quantité de produits, on se demande

comment ils pourront maintenir le taux des salaires
de leurs ouvriers, s'il ne vient pas d'amélioration.
Voilà encore ce qu'a valu à la France la destruction
de sa loi monétaire, comment s'étonner des ruines
que l'on voit partout et quel avenir nous est-il réservé
ainsi qu'à nos enfants, si on ne réagit pas, si on ne
revient pas à la frappe libre de l'argent.

La hausse illégale de l'or ruine notre commerce extérieur.

l'exportation n'est plus possible.

En relevant les statistiques de notre commerce
extérieur, on s'aperçoit que le chiffre d'affaires augmente dans les pays à étalon d'or : de 1889 à 1895,
il a passé de 443 à 736 millions, soit 293 millions
d'augmentation, tandis que dans les pays à étalon
d'argent et papier monnaie, nos relations et nos
échanges ont diminué et diminuent de plus en plus,
par suite de la hausse de l'or et de la variation du
cours du change. Les pays a monnaie d'argent ont
une prime de l'importance du change, qui ne permet
plus à nos produits de pouvoir entrer.

Le 1er semestre 1895, 20 bouteilles de champagne
livrées à 5 fr. l'une, ont coûté à l'acheteur argentin
354 fr. 60. Le peso (monnaie de papier ou billet de
banque de 5 fr. valant 1 fr. 45 d'or), la bouteille de
champagne coutait donc 17 fr. 73 ; la différence
extraordinaire de prix, de 5 à 17 fr. diminue la consommation et fera créer des usines qui produiront le
champagne sur place, ils vendront leur champagne

15 fr. ou 12 fr. nous ne pourrons plus lutter tandis que le producteur argentin réalisera des bénéfices triples du nôtre ; il vendra 12 fr. ce que nous vendons 5 fr.

Le 2e semestre, le change ayant un peu diminué, le peso (billet de banque de 5 fr.) valait 1 fr. 59 au lieu de 1 fr. 45 ; en réexpédiant 20 bouteilles de champagne à 5 fr. pièce, elles ne coutaient plus à l'acheteur que 15 fr. 70 au lieu de 17 fr. 73, soit 2 fr. d'écart en 6 mois. Qu'on juge du trouble que produit dans les affaires la variation du change de la monnaie, les affaires ne sont plus possibles, c'est ce qui explique la baisse continue de nos exportations dans ces pays, elles finiront par disparaître dans un avenir très prochain, si on ne réagit pas ; il en sera de même de tous les autres produits que nous exportons, tissus de soie, de laine, de coton, etc., etc.

Avantages du producteur argentin sur les cultivateurs français et européens et appréciation d'un Anglais M. Arthur Peel.

Un rapport adressé au gouvernement anglais en juillet 1895 par M. Arthur Peel, secrétaire de la Légation Britannique à Buenos-Ayres, nous donne les renseignements suivants :

Aucun pays du monde, écrit M. Arthur Peel, ne peut produire de blé à meilleur marché.

Le prix de revient de 100 kilos de blé livré en gare de la République Argentine, était, en juillet 1895, de 16 francs 70 en monnaie argentine, ou 5 francs 01 certime en monnaie d'or. Le peso (papier monnaie, billet de banque) au pair de 5 francs valait 1 franc 50.

Le prix de vente à la sortie de 100 kilos de blés étant de 33 francs 65 en monnaie argentine (ou 10 francs 10 en or) et le prix de revient de 16 francs 70.

La différence entre le prix de revient et le prix de vente à Buenos-Ayres est de 16 franés 95, bénéfices exagérés, représentant les bénéfices des cultivateurs et des acheteurs, alors que nos cultivateurs sont tous en pertes sérieuses, voilà les effets de la hausse illégale de l'or.

Pour se convaincre de l'importance qu'acquiert la République Argentine, comme pays producteur de blé, il suffit de relever les exportations de cette denrée pendant les 6 dernières années,

elles sont en 1889 — 22.000 tonnes.
           1891 — 375.000 »
           1892 — 470.000 »
           1893 -- 1.008.000 »
           1894 — 1.608.000 »

elles ont augmenté de 73 fois en 6 années.

Etant donné les étendues considérables de terres disponibles, la production peut y devenir considérable, plus importante qu'en France.

Tant que l'écart considérable existera entre la monnaie argentine et la monnaie d'or, le blé argentin sera incité, poussé à venir en Europe faire baisser les prix, le prix de revient dans une bonne année étant de 5 francs 01 centime en monnaie d'or.

Cette situation peut varier, dit M. Arthur Peel,

mais on entrevoit plus encore ici qu'aux Etats-Unis, la possibilité d'approvisionner l'Europe à ces prix, en chassant tous les concurrents des marchés.

Ils vont bien, nos bons amis les Anglais, qu'en pensez-vous ? ils ont au moins la franchise de dire leur pensée, ils espèrent chasser des marchés d'Europe et de France tous les producteurs nationaux, ils y arriveront sûrement, avec la hausse du change, et ils le prédisent ? Qu'en pensent nos représentants qui leur donnent, avec la démonétisation de l'argent, des armes pour ruiner notre agriculture et notre industrie, pour leur permettre de chasser des marchés français nos braves cultivateurs.

Le prix du blé argentin
avec la frappe libre d'argent.

Sans la violation de notre loi monétaire, le change de l'or n'aurait pas varié, la monnaie serait à sa valeur naturelle comme avant 1873, les 100 kilos de blé coûteraient   16,70

Les mêmes bénéfices pour les acheteurs   16,95
____

Le prix de revient serait de   33,65

En admettant que le bénéfice diminue de moitié   8,42
____

Le prix de vente à Buenos-Ayres serait encore de   25.22
le transport en plus.

Il y a une marge avec les prix de 12,80 à Londres en 1894 et 13,07 en 1895.

Qu'en pensent nos législateurs, nos économistes qui attendent l'adhésion de l'Angleterre au bimétallisme international ; elle n'y viendra jamais, cela se comprend.

Il n'y a pas de consommateurs sans producteurs

Quand on défend les intérêts de notre agriculture pour favoriser la hausse des produits agricoles, on se trouve exposé de se voir critiqué par la presse qui, dans un but de publicité, vient toujours réclamer les droits des consommateurs ; à les entendre, on doit tout sacrifier aux intérêts des consommateurs qui sont la masse du peuple, la grande majorité de la nation ; c'est là une grande erreur.

Il n'y a pas de consommateurs sans producteurs, plus des 3/5 de la population française vivent de la production agricole.

Pour consommer il faut produire, c'est la valeur de la production qui favorise, permet la consommation, tout le monde produit : les industriels, les producteurs, trouvent, avec leurs productions, des salaires qu'ils distribuent aux employés, aux ouvriers, ce qui procure à ceux-ci, la monnaie nécessaire pour acheter.

L'ouvrier produit son travail, les capitalistes leurs capitaux, les gens de lettres leurs ouvrages, les rentiers leurs rentes, les journalistes leurs journaux, toutes ces productions, donnent en échange, des monnaies pour acheter, lesquelles procurent les moyens de consommer, mais sans cette monnaie, que la production seule procure, la consommation serait restreinte.

Ce n'est pas le pain à bon marché qui fait le bonheur de l'ouvrier, mais le travail, la production qui lui procure les salaires et la monnaie, sans monnaie, si bon marché que soit le pain on ne peut se le procurer.

Voyez ce qui se passe en Russie, ce que dit M. Boutmy (agriculture russe) : mes magasins regorgent d'un blé que je ne puis pas vendre, et à côté la foule affamée meurt de faim, parce qu'elle ne peut en acheter, qu'elle n'a pas de monnaies et ne peut s'en procurer, parce que les moyens d'échange manquent, parcequ'en supprimant la frappe d'argent, on en a déprécié la valeur, on a supprimé l'échange de la moitié de la monnaie du monde, et donner des primes aux pays à monnaie d'argent qui nous tuent par leur concurrence.

Le congrès d'agriculture de Budapest en 1896 et la baisse des prix du blé

Les producteurs de notre pays ne sont pas les seuls à souffrir de la violation de notre loi monétaire, la baisse des prix atteint l'Europe. On a profité de l'exposition de Budapest pour faire un congrès international, où presque toutes les nations de l'Europe étaient représentées.

Dans ce grand congrès européen, les membres déclarent que les débats sur la question monétaire ont donné les résultats suivants :

1° Pendant 3 jours de débats, aucun orateur n'a contesté que la détresse de l'agriculture européenne ne fut la conséquence de la dépréciation anormale des prix des produits agricoles.

2º La relation intime de la question monétaire et de la question agricole, a été reconnue presque à l'unanimité par les délégués du congrès agricole.

3° La grande majorité de tous les orateurs sans distinction d'opinion, en matière monétaire, a confirmé l'avis des plus éminentes autorités en statistique agricole, sur l'absence de la surproduction des céréales, et reconnu que les bas prix des grains ne sont pas les résultats de cette surproduction.

4° De tous les côtés on a dû admettre, même du côté des partisans de l'étalon d'or, que le bimétallisme international provoquerait une hausse des prix des céréales.

Les membres du congrès, presque à l'unanimité, emportent la conviction que la crise agricole cesserait avec le règlement de la question monétaire.

Les conséquences de la démonétisation de l'argent en Russie. Le bimétallisme en Russie.

Les agriculteurs russes demandent aussi qu'on revienne au bimétallisme. M. Georges Boutmy, propriétaire et agriculteur russe a fait au Congrès de Budapest sur les causes de la crise le discours suivant :

Le progrès ne consiste pas à augmenter la production mais à mettre les objets de première nécessité à la portée de tous. Or, qu'arrive-t-il? dit M. Boutmy: « Mes magasins regorgent d'un blé que je ne puis pas vendre et à côté la foule affamée meurt de faim parce qu'elle ne peut pas en acheter ».

Evidemment ! Parce que « depuis que vous avez dit que la monnaie blanche n'est plus monnaie et que ce n'est plus que la monnaie jaune qui est monnaie ». Et c'est ainsi que M. Boutmy répond aux monométallistes qui soutiennent que la monnaie d'argent est toujours aussi abondante que jamais ; il montre que si cette abondance est réelle, son action est annulée par le fait que cette monnaie est frappée d'incapacité par la loi pour les échanges internationaux. La diminution de la monnaie universelle a eu pour conséquence le renchérissement de celle qui a subsisté : « Si elle n'a pas doublé de valeur, dit M. Boutmy, c'est que tous les peuples n'ont pas suivi cet exemple. La Chine, le Japon, les Indes, le Mexique continuent à se servir de l'argent comme monnaie. Ils jouissent des primes d'exportation et nous tuent par leur concurrence ».

Mais, disent les monométallistes, les fluctuations de la production de l'argent, et surtout la surproduction de ce métal l'ont rendu absolument incapable de servir de base à un système monétaire régulier. M. Boutmy répond à ces sophismes par des tableaux dans lesquels il montre que la production de l'argent a été beaucoup plus régulière que celle de l'or.

Il ressort, en effet, de ces tableaux, que depuis le commencement du siècle jusqu'en 1894, la production annuelle de l'or a oscillé entre 0,21 et 4,20 0/0 du stock existant, tandis que celle de l'argent a oscillé entre 0,35 et 2 0⎡0 de la provision antérieure.

Le stock d'argent s'est accru beaucoup plus régu-
lièrement que celui de l'or, et les fluctuations de la
production ont été deux fois plus considérables pour
l'or que pour l'argent.

Au commencement du siècle, le stock d'or était
de 2,370 millions de dollars et le stock d'argent de
4,867 millions de dollars ; actuellement le premier
est de 8,581 millions de dollars et le second de
10.102 millions de dollars. Le stock de l'or a quadruplé : tandis que celui de l'argent a simplement
doublé.

Il est donc inexact qu'il y ait surproduction
d'argent pas plus qu'il y ait surproduction pour le
blé. Ce n'est pas la surproduction de l'argent, c'est sa
démonétisation irréfléchie qui a provoqué la crise
actuelle.

On a suspendu la frappe d'argent sous prétexte
qu'on en avait décuplé la production, que la France
allait en être envahie, et, on reconnait que cette
production depuis le commencement du siècle jusque
1874 a été beaucoup plus régulière que celle de l'or,
elle n'a que doublé, tandis que la production de l'or
a quadruplé.

On le voit, les Russes reconnaissent comme nous
que la démonétisation irréfléchie de l'argent a provoqué
la crise actuelle, ils demandent qu'on revienne de
suite au seul remède efficace, au bimétallisme, à la
frappe libre de l'argent qui donnerait la quantité de

monnaie nécessaire aux transactions actuelles, au commerce universel.

Notre Marine Marchande, la taxe de pavillon et les conséquences pour le commerce extérieur.

Avant 1866 tous les articles importés en France et exportés de France dans nos colonies ou ailleurs étaient transportés par notre marine marchande, c'est-à-dire par des négociants et armateurs français, notre marine faisait vivre officiers et marins français, constructeurs, voiliers, charpentiers, calfats, forgerons de marine, etc., les fabricants de toile à voile, de cordage, de feutre, de cuivre à doublage etc., plus de 100.000 familles ont été ruinées et obligées de s'expatrier ou de changer de métier, voilà ce qu'a valu à notre marine marchande, la suppression de la taxe de pavillon qui lui donnait le monopole du commerce français qui nous appartenait ; nous étions alors les maîtres de notre trafic tant à l'extérieur qu'à l'intérieur, car le pavillon ou navire transporteur devient toujours maître du trafic si cher qu'il soit.

Il est un fait certain, le capitaine à bord de son navire est maître après Dieu ; à son bord, il a entre les mains le connaissement, le fret-liste, le manifeste de douane, les factures consulaires, les lettres aux destinataires des marchandises, les ouvertures des douanes à l'entrée et à la sortie des ports, et aussi la faculté qu'il a de donner l'ordre à son charpentier d'ouvrir les caisses de M. X.., négociant, de prélever des échantillons et de les envoyer à son armateur, qui les remettra aux industriels et négociants de son pays, avec tous les renseignements désirables, c'est ce qui a favorisé et favorise les progrès du commerce de l'Angleterre et de l'Allemagne, au détriment de notre commerce national.

Ce simple exposé montre préremptoirement que le pavillon transporteur devient toujours maître des secrets industriels et commerciaux qui lui sont imprudemment confiés.

Nous avons donc un intérêt majeur à ce que ce soit le pavillon du navire français qui transporte les marchandises françaises tant à l'importation qu'à l'exportation, c'est une vérité bien connue depuis le temps des Phéniciens qui cachaient soigneusement les secrets de leurs relations commerciales.

Ces traditions ont été reprises par les Anglais et les Allemands, qui en ont tiré tous les avantages et les profits au détriment des Français.

En 1891 j'ai exporté 200 barils de ciment à New-York, j'ai dû avoir recours à un navire allemand pour le transport d'Anvers à New-York ; mes produits sont arrivés en mauvais état, une partie des barils étaient endommagés, on s'en est plaint et alors qu'on m'avait donné l'espoir que cette affaire aurait été suivie d'autres plus importantes, je n'ai plus entendu parler de rien, malgré ma correspondance. Il est à supposer que les secrets de cette première affaire à New-York, auront été divulgués aux allemands, qui auront agi en conséquence. Si le navire avait été français et le capitaine français, peut-être les barils seraient-ils arrivés en bon état, et les affaires se seraient-elles continuées pour prendre beaucoup d'importance.

Voilà comment sont traités les négociants français qui sont obligés de faire transporter leurs produits sous pavillons anglais ou allemands. Jusqu'en 1866 nous avions une belle marine et un grand commerce, nos colonies nous appartenaient, nous pouvions nous y développer et prospérer, comme nous pouvions le faire en France, mais les anglais, grâce à leurs intrigues finirent par obtenir en 1866 l'abandon du système maritime que nous devions à notre grand Colbert, on a sacrifié la marine française, notre commerce et notre production nationale, aux profits de la marine et du commerce anglais.

Depuis 1866, nos intérêts ont été absolument sacrifiés aux bénéfices de l'Angleterre et de l'Allemagne.

Les Anglais ont une surtaxe de pavillon qu'ils perçoivent d'une manière indirecte et occulte sur le pavillon français.

Quand un navire français va en Angleterre, il n'a rien à payer au gouvernement anglais proprement dit, mais il a des charges et des comptes d'apothicaires qui remplacent la taxe de pavillon savoir : Droits de feu, droits de signaux, droits de phare, droits de quai, de wharf, etc., etc., qu'ils doivent payer à des sociétés qui tiennent lieu et place du gouvernement anglais. Tandis qu'en France, les navires anglais ne paient rien du tout, tout est là ; c'est ce qui explique la suprématie du pavillon anglais sur le nôtre.

Autrefois en France et aux colonies, il y avait la surtaxe de pavillon de **20** francs par tonne en faveur de notre marine, c'est-à-dire en faveur de la production et du commerce national, il faudrait le retour à notre taxe de pavillon réduite d'une partie de la taxe, pour rendre la prospérité à notre marine marchande, la seule qui profite à notre production agricole et industrielle et au commerce français.

La décadence de notre marine marchande

En juin 1896, M. Lourdelet se faisant l'interprète des chambres syndicales auprès de M. Méline, président du Conseil, lui a démontré par la statistique douanière la gravité de la situation. Notre flotte commerciale a cessé de grandir, elle diminue d'importance chaque année, tandis que les flottes de nos voisins augmentent.

Il y a un demi-siècle nous étions au 2me rang, suivant de près l'Angleterre, aujourd'hui nous n'avons plus que le 3me rang dans la navigation à vapeur et le 8me dans la navigation à voiles.

Les progrès de la marine marchande allemande en ces dix dernières années coïncident avec une décadence très sensible de la nôtre pendant la même période. Si nous consultons les graphiques officiels des Compagnies nous trouvons en effet que la « Touraine » tient la tête des steamers français avec 9.132 tonneaux.

Or, les 4 paquebots de la Compagnie allemande qui font escale à Cherbourg ont respectivement :

Le Furst Bismarck   12.000 tonneaux
La Normannia   12.000   »
Le Colombia   10 000   »
L'Augusta Victoria   10.000   »

A ce point de vue du tonnage, notre infériorité est donc indiscutable Si nous poursuivons le parallèle entre la Cie générale transatlantique française et la Cie allemande au point de vue du tonnage totalisé, nous trouvons que l'avantage reste encore aux Allemands.

La Cie française accuse un total de 172.449 tonneaux, la Cie allemande justifie 200.278 tonneaux et elle vient de commander toute une flotte de paquebots neufs, autant d'armes pour la future guerre.

Dans la navigation à voile, la vraie marine commerciale, c'est encore pis, elle est descendue au 8e rang ; elle a diminué de 31 voiliers, tandis que la Russie a augmenté de 35.

Comparaison du mouvement de la navigation de 1888 à 1892

	1888	1892	Augmentation
Angleterre	55.683.478	63.473.694	14.04 o/o
Etats-Unis	28.804.603	34.479.056	19.79 o/o
Hollande	17.062.656	25.411.764	48.93 o/o
Allemagne	15.341.708	22.651.067	47.64 o/o
France	22.022.629	22.281.916	1.10 o/o
Italie			98.00 o/o
Belgique			29.00 o/o
Espagne			17.00 o/o

Situation et progrès de la marine française
comparée à l'Angleterre et à l'Allemagne
de 1887 à 1895

	1887		1895	Augmentation	
Allemagne	628.296 tonneaux		1.306.771	678.475	108 o/o
Angleterre	6.592.496	»	9.984.280	3 391.734	51.44
France	722.252	»	864.598	142.346	19.71
Norwège	150.000	»	455.000	305.000	202.00

La suppression de la taxe de pavillon et de la frappe libre de l'argent sont les deux causes de la décadence de notre marine marchande.

Si, au lieu d'interdire la fabrication des monnaies d'argent et d'en empêcher, par ce moyen. l'augmentation dans la circulation publique, on avait fait le contraire, respecté notre loi monétaire, il y aurait eu abondance de monnaies, les affaires auraient progressé, les industries se seraient développées, stimulées par l'abondance des capitaux qui auraient amené partout la prospérité : on aurait construit de nouveaux navires, notre marine marchande aurait progressé, elle serait tout autre.

Les effets de la loi monétaire
Les dettes de l'Europe.

Avant la violation de notre loi monétaire, nos budgets s'équilibraient avec des excédents, on se rappelle les dégrévements opérés ; depuis, les rôles ont changé ; aux dègrèvements ont succédé les impôts nouveaux , les déficits budgétaires, la détresse de nôtre agricul—

ture ; les dettes publiques augmentent tandis qu'en Angleterre elles diminuent.

De 1885 à 1895, l'ensemble des dettes publiques des vingt et une nations de l'Europe s'est élevé de 101,460 millions de francs à 121.966 millions, soit une augmentation décennale de 20.506 millions de francs. Les pays dont la dette publique a le plus augmenté sont : la Russie avec 7.541 millions, l'Allemagne avec 5.743 millions, la France avec 2.278 millions, l'Italie avec 1.914 millions, l'Autriche-Hongrie avec 1.237 millions.

Les pays dont la dette publique s'est au contraire réduite sont : la Grande-Bretagne 2.224 millions de francs ; l'Espagne 394 millions, le Danemark 23 millions, le Luxembourg 4 millions.

Les six nations les plus endettées en 1895 sont : La France avec 26.779 millions et 698 francs par tête d'habitant, la Grande-Bretagne 16.424 millions et 419 francs par habitant, la Russie 15.767 millions et 161 francs par habitant, l'Allemagne 15.262 millions et 296 francs par habitant, l'Autriche-Hongrie 14.021 millions et 338 francs par habitant et l'Italie 12.941 millions avec 418 francs par habitant.

N'est-ce pas la conclusion qu'il faut revenir de suite à notre loi monétaire sans nous inquiéter des Anglais, qui ont été beaucoup plus pratiques que nous, on ne peut nier que les intérêts français ont été sacrifiés à l'égoïsme de l'Angleterre qui s'enrichit quand la France et l'Europe se ruinent.

Aspirants aux emplois municipaux
de la Ville de Paris en 1896.

C'est toujours avec un certain déplaisir qu'on entend critiquer la prospérité de son pays.

Les travailleurs qui jettent les hauts cris pour appeler l'attention des législateurs sont très souvent critiqués sévèrement, on aime mieux entendre dire du bien de son pays que du mal, il faut cependant se rendre compte de ce qui existe, voyons ce qui ce passe à Paris pour les demandes d'emplois.

Pour 18 places de commis-rédacteurs il y a 80 demandes ; pour 4 emplois de commis-répartiteurs des contributions directes, il y a 30 demandes ; pour 50 emplois de commis-expéditionnaires dont la moitié est réservée aux sous-officiers rengagés, il y a 2141 demandes. Tous les emplois sont recherchés dans la proportion de 100 demandes pour une place,

Mais cette proportion est souvent dépassée.

Pour 375 emplois de balayeurs, il y avait à la fin du mois dernier, septembre 96, 21.582 candidats.

Le , 16 octobre, il y en avait 4327 en plus.

L'annonce de la rentrée des conseillers municipaux a fait surgir de nouvelles demandes.

On dispose de 26 places de concierges, il y a 3.900 demandes.

Il y a 72 postes d'instituteurs et 1.955 demandes ; 115 postes d'institutrices et 6.937 demandes.

Il n'y a que les emplois de finances, dont on pourrait supprimer la moitié, qui eux bénéficient de nos malheurs, étant payés au prorata des recettes qu'ils font et qui sont en raison des dettes publiques.

On voit des percepteurs gagner 60.000 francs par an, ce traitement n'est-il pas exagéré ?

Cette statistique ne concerne que le département de la Seine, mais en province, les proportions sont sensiblement les mêmes et, tout comme à Paris, plus les situations à prendre se raréfient, plus les diplômés ou candidats en tout genre y pullulent ; où en serions-nous, si la population de la France, en suivant le niveau normal des autres pays, avait 10 millions de plus ?

Cette situation vraiment effrayante démontre la gravité de la situation, l'utilité d'apporter un remède et la nécessité de revenir de suite à la reprise de la frappe libre de l'argent.

Si l'agriculture n'était pas si éprouvée, tous ces malheureux que la crise a forcés à émigrer dans la capitale où ils vont augmenter la misère et la démoralisation, seraient restés chez eux où ils auraient trouvé des emplois ou du travail à des prix remunérateurs, comme avant 1873. C'est toujours la conséquence de la violation de notre loi monétaire laquelle, en maintenant les prix de toutes les choses, assurait le travail partout à des prix rémunérateurs.

Du fonctionnarisme de 1855 à 1893

La difficulté de trouver du travail et de vivre dans nos campagnes où nos cultivateurs ne peuvent plus faire les sacrifices d'autrefois a forcé beaucoup de personnes à solliciter de l'Etat des emplois pour vivre.

La statistique de M. Turquan nous présente :

En 1846   200.000 employés touchant 260 millions
      1853   210.000   »   »   268   »
      1858   220.000   »   »   285   »
      1873   300.000   »   »   400   »
      1876   350.000   »   »   451   »
      1894   400.000   »   »   515   »
      1896   410.000   »   »   517   »

De 1846 à 1896, le nombre des employés de l'Etat a doublé, de 1873 à 1896 il est passé de 300.000 à 410.000 soit plus de 14 0/0 d'augmentation avec une dépense supplémentaire de 117 millions qu'il faut demander à notre malheureux budget. Si la valeur légale du franc d'argent avait été maintenue, bon nombre de ces employés n'auraient pas été obligés de solliciter de nos députés tous les emplois si onéreux pour l'Etat. Non ! Ils auraient été plus heureux à travailler dans l'agriculture ou l'industrie si prospères autrefois.

La dépopulation de la France
comparée à l'Europe.

Avant la guerre de 1870, après la Russie qui comptait 78 millions d'habitants, nous étions les premiers avec 38.192.000 habitants. Les Etats-Unis sont nos égaux, l'Autriche n'avait que 36 millions, tous les pays formant aujourd'hui l'Allemagne atteignaient à pei_ ne tous réunis le même nombre que la France. L'Angleterre n'atteint que 30 millions.

Aujourd'hui nous sommes passés au 5me rang et jugez de la différence.

La Russie   100 millions d'habitants européens
L'Allemagne   52   »
L'Autriche   43   »
L'Angleterre   40   »
La France   38   »

nous avons à peine regagné la population de l'Alsace-Lorraine.

Dans le 19me siècle

L'Angleterre   a quadruplé
La Russie   a triplé
L'Allemagne   a doublé
La Prusse   a quintuplé
L'Italie   presque doublé

La France n'a augmenté que de 50 pour 100. Mais c'est depuis 20 ans que l'augmentation de la population a le plus diminué. Il faut encore voir là les effets de l'interdiction de la frappe libre d'argent, car nos cultivateurs sont trop malheureux, ont trop souffert de la baisse des produits agricoles, causée par l'invasion des produits des pays à monnaie d'argent; avec la prospérité on est heureux d'avoir une belle et nombreuse famille, on a la perspective d'en faire des travailleurs, des hommes heureux, tandis qu'aujourd'hui, c'est le contraire, avec la détresse de nos cultivateurs, la situation actuelle, on n'a pas le courage de croître et multiplier, dans la crainte de procréer des malheureux.

Les importations du bétail pour les années 1893, 1894 et 1896 sont les suivantes :

1893	**1894**
10.393 bœufs	165.490 bœufs
pour 211.377 francs	pour 1.995.784 francs

L'importation des viandes et graisses.

	1893	**1894**
Poids	66.599.594 kilog.	112.662.133 kilog.
Valeur argent	89.478 000 francs	190.249.000 francs

L'importation ne fait que croître.

Du 15 au 31 juillet 1896 il est entré en France :

Chevaux	1.687
Bœufs	10.234
Veaux	755
Taureaux	48
Moutons	211.912
Porcs	4.198

Les effets du change au Japon, ils vendent en Europe avec une prime de 100 pour 100 ; pour vendre chez eux il faut perdre 100 0/0.

La population a augmenté de 33 millions en 1872 à 41 millions en 1896 soit environ 25 0/0.

Le commerce extérieur du Japon était en 1872 de 216 millions ; 131 millions à l'importation, 85 millions à l'exportation.

1894 1 milliard 154 millions : 587 millions à l'importation, 567 millions à l'exportation.

Ils ont plus que quintuplé, ils ont augmenté de 534 pour 100.

L'industrie est dans le même rapport

en 1883 il existait 84 fabriques avec une force de 1.748 chevaux vapeur.

en 1893 il existait 1 100 fabriques avec une force 35.000 chevaux.

en 1887 il entre 85 pour 100 de filés en coton étrangers.

en 1892 il n'en entre plus que 15 0/0, gare, dans 10 ans ils viendront nous anéantir, celà leur sera très facile.

Ce qui frappe le plus, c'est le fer.

en 1872 il entre 6 millions de barres de fer en lingots.

en 1880 il entre 176 fois plus de fer.

en 1894 il en entre 1.220 fois plus.

de 1880 à 1893 la production de blé a augmenté de 58 0/0, celle du riz de 25 0/0, celle du thé de 346.000 livres à 11 millions de livres et la soie de 107 millions en 1880.

à 334 id. en 1894.

Qu'on juge des progrès réalisés dans les pays à monnaie d'argent, grâce aux primes du change que leur accorde la violation de notre loi monétaire. On se demande l'avenir qui nous est réservé si cet état de choses continue. Il n'y a pas que le Japon, le Mexique, l'Amérique du Sud, les Indes, la Chine, ont les mêmes avantages, plusieurs de ces nations importantes, progressent dans les mêmes proportions que le Japon. Ces pays n'ont point de charges et ont la main d'œuvre à très bon marché.

L'ouvrier chinois.

Il se fait en ce moment en Silésie une expérience qui devrait donner à réfléchir aux législateurs des pays à monnaie d'or.

Il s'agit d'ouvriers chinois venus en Silésie travailler dans une exploitation agricole au prix de 1 marck par jour : 1 fr. 25.

Aux Etats-Unis, l'invasion des ouvriers chinois fût si rapide qu'il ne tarda pas à en résulter une certaine déséquilibration dans de certaines régions, par ces nouveaux producteurs qui ne sont pas très consommateurs, ils sont très sobres et habitués à vivre de peu, on dut prendre des mesures législatives pour en arrêter l'invasion.

Qu'en pensent les législateurs, qui, avec la violation de notre loi monétaire favorisent leurs produits d'une prime de 100 0/0 à leur entrée en France, ce qui leur donne une prospérité extraordinaire et leur donnera l'argent nécessaire et les moyens de créer à bref délai d'importantes usines, d'augmenter leur production au détriment des producteurs et des ouvriers français.

Les conséquences de la hausse illégale du change pour la France et les pays à étalon d'or.

Nos législateurs ayant eu la faiblesse de permettre jusqu'aujourd'hui aux anglais et financiers cosmopolites de doubler illégalement la valeur de l'or et de leurs revenus, ont compromis l'avenir de tous les travailleurs de notre chère France et des pays à étalon d'or.

La hausse de l'or, en permettant aux pays à monnaie d'argent de nous inonder de leurs produits avec une prime de 100 0/0, leur donne la même prime chez eux ou un droit protecteur de même valeur qui ne nous permet plus de pouvoir lutter sur leurs marchés.

Leurs productions en tous genres de produits agricoles et industriels augmentent dans des proportions effrayantes, elles leur donnent des capitaux pour créer des chemins de fer et des usines ; grâce aux salaires peu élevés et au peu de charges qu'ils ont, ils vont non seulement produire pour eux, mais ils vont, dans un avenir très prochain, devenir des concurrents redoutables pour les pays à étalon d'or. On voit déjà des villes industrielles atteintes comme Manchester et autres villes de l'Angleterre, qui ne peuvent plus exporter leurs produits aux Indes, au Japon, au Mexique, etc.

Toutes ces industries naissantes en Amérique du sud, au Japon, au Mexique, aux Indes, en Chine, encouragées par les bénéfices énormes que leur donne la hausse du change, qui leur facilite l'écoulement de leurs produits, vont doubler, tripler, quintupler, peut-être et quand elles seront arrivées à de très grandes productions qui, en diminuant leurs frais généraux, diminueront leurs prix de revient, ils seront nos maîtres partout, même chez nous, nous ne pourrons plus produire si ce n'est qu'en pertes.

On s'apercevra alors, malheureusement trop tard pour notre chère France et pour l'Europe, des terribles conséquences qu'auront amenées la démonétisation de l'argent la destruction de notre loi monétaire, la plus honnête, la plus claire et la plus humaine des lois du monde, loi préconisée par les grands génies de la Révolution, comme régulatrice loyale des transactions universelles.

Les financiers cosmopolites auront fait, des pays à étalon d'or, jadis si riches, si prospères, des pays pauvres. Eux s'expatrieront emportant avec eux leur or et leurs portefeuilles garnis de titres et d'obligations de tout repos, ils laisseront derrière eux des pays ruinés, des peuples malheureux qui regretteront trop tard de n'avoir pas été plus clairvoyants, de ne pas avoir écouté les conseils donnés par les grands génies de la Révolution, de toujours faire respecter notre loi monétaire.

Qu'en pensent nos législateurs qui, avec la démonétisation de l'argent favorisent de 100 0/0 l'entrée en France des produits japonais, mexicains, argentins et autres, en leur donnant la facilité d'écouler leurs produits qui leur donnent l'argent et les moyens de créer d'importantes usines, d'augmenter considérablement leur production au détriment des producteurs et surtout des ouvriers français qui seront les premiers atteints.

Réponse à ce qui a été dit, à plusieurs congrès agricoles, par des économistes qui s'opposent à ce que la France reprenne immédiatement la frappe libre de l'argent.

Après l'exposé de la situation que je viens de faire, je suis d'avis que la France doit refuser catégoriquement toute conférence internationale, ayant pour but de reprendre le fonctionnement normal et régulier de sa loi monétaire, attendu que, quand on a suspendu la frappe, il n'y a pas eu de conférence internationale; nous avons une loi monétaire nationale, qui a été créée par la loi du 7 Germinal an XI, sous le régime de laquelle nous avons contracté des emprunts formidables en argent.

La Belgique n'a pas craint de violer, la première, la convention latine ; on peut voir par là le cas que la Belgique a fait de la convention de l'union latine, puisqu'elle l'a violée

La France peut passer outre, au besoin elle pourrait dénoncer la convention comme c'est son droit ; une fois que la France aurait abdiqué, entre les mains des grandes nations étrangères, son droit de souveraineté pour la monnaie, pourrait-elle quand elle s'apercevrait qu'elle a été dupée, tenter de faire ce que la Belgique a fait? Nous nous exposerions à des complications terribles qu'il est bien plus sage d'éviter, en conservant notre indépendance que nous entendons garder en vertu de notre droit.

Le but des anglais et des financiers cosmopolites est probablement de chercher les moyens de nous faire abdiquer nos droits ; étant donné leur égoïsme, on peut craindre qu'ils cherchent tous les moyens de faire admettre, dans une conférence internationale, une baisse énorme sur l'argent, et nous serions joués une deuxième fois.

La France a contracté d'énormes emprunts remboursables sur la base du franc à 5 grammes d'argent. Toute atteinte à notre unité monétaire augmenterait les dettes de l'Etat, des départements et des particuliers. La France elle-même ne peut apporter aucune modification à ses contrats de particuliers, et a encore moins le droit de s'adresser à d'autres nations pour cette question d'honneur et de loyauté, qui la regarde personnellement.

Qu'un congrès international ait lieu, que par suite de la baisse artificielle de l'argent en lingot, les membres du Congrès décident que l'unité monétaire le franc, soit élevé à 6, 7 ou 8 grammes d'argent. Le représentant de la France serait obligé d'accepter ou de se retirer.

Quelle serait la situation de notre chère France, y a-t-on pensé ? Quelles ruines ! Les débiteurs, l'Etat, les départements, les communes, les particuliers devraient payer la différence, on frémit en pensant aux conséquences d'une telle proposition.

La France, par le seul fait de son acceptation de prendre part à une conférence internationale, mettrait en doute la légitimité de son droit de payer en argent, aliénerait sa liberté de payer en argent et son droit de souveraineté sur son propre territoire, ce qui nous mettrait sous la dépendance des anglais et des financiers cosmopolites qui auraient accaparé le numéraire du monde. Alors il ne resterait plus aux travailleurs français qu'à livrer la France aux anglais et financiers cosmopolites et s'expatrier dans les pays à monnaie d'argent. C'est ce que les travailleurs seront malheureusement obligés de faire si on ne réagit pas si on ne revient pas à notre loi monétaire.

On a reconnu aux divers congrès agricoles que la suspension de la frappe d'argent avait eu des conséquences facheuses pour notre agriculture, que tout le monde est d'accord sur ce point ; une chose ne peut être à la fois mauvaise et bonne; si la suspension est une chose mauvaise, ce que tout le monde reconnaît, chacun se demande pourquoi on hésite à revenir à notre loi monétaire qui, pendant 75 ans, a fait la prospérité de la France, puisqu'on reconnaît que les pays à monnaie d'argent, ont une prime énorme à l'exportation de leurs produits, qui ruinent nos produits nationaux.

Il est écœurant d'entendre dire que la France ne peut revenir à sa loi monétaire, encore respectée par les 3|4 du monde, qu'elle ne peut reprendre la frappe libre de l'argent, sans entente internationale, alors que l'on sait que les prétentions des anglais et des financiers sont illégales, et complètement opposées aux intérêts de la France, de l'Europe et des Etats-Unis.

En revenant à la loi monétaire, on est en droit d'espérer que l'exemple de la France sera suivi par les grands pays producteurs. Les Etats-Unis, la

Russie, l'Allemagne, l'Autriche, etc., seront heureux de notre initiative qui contribuera à rendre la prospérité à tous les peuples, en nous imitant, en reprenant pour leur compte cette loi si honnête, si humaine, qui a tant contribué aux grands progrès du siècle et dont la destruction a amené la crise actuelle.

Quand l'Allemagne et les Etats-Unis se sont mis à l'étalon d'or, il fallait ne pas y prêter attention et conserver notre loi en vigueur, nous en aurions bénéficiés comme les pays à étalon d'argent, s'il y avait eu du changement, il aurait été à notre profit. Tout l'or et tout l'argent du trafic universel, serait venu s'échanger dans notre pays.

On a parlé de rétablir la parité entre les 2 métaux, mais cette parité est établie par notre loi monétaire du 7 Germinal an XI (28 mars 1803) ; il n'y a qu'à remettre le loi dans son fonctionnement normal, qui comprend la frappe libre de l'argent, et la parité se fera toute seule.

On nous a dit que l'on s'opposait à la réouverture immédiate de l'hôtel des monnaies, parce que, entrer dans cette voie serait infailliblement nous conduire au monométallisme argent, mais la France depuis 1803 était au monométallisme argent, et l'on se demande alors pourquoi on s'est mis tout à coup au monométallisme or, occasionnant toutes les fâcheuses conséquences reconnues aux congrès agricoles.

Rester dans le système actuel, serait achever la ruine de notre agriculture à moitié compromise, ce serait exposer la France à payer le double de ses dettes à continuer de rendre ses cultivateurs malheureux, en les obligeant à continuer de vendre leurs produits à 50 0|0 de leur valeur réelle, concurrencés par les pays à monnaie d'argent. Non ! cela n'est plus possible, un changement s'impose, coûte que coûte. On a dit : cela pousserait les spéculateurs à faire main basse sur toute la monnaie d'or, pour lui substituer la monnaie d'argent dépréciée, et réaliser ainsi d'énormes bénéfices.

C'est là précisément ce qui se fait avec l'or depuis 20 ans, et ce qui est cause de toutes les calamités dont tout le monde se plaint ; on est d'accord avec nous sur l'origine de ces calamités ; on ne peut s'expliquer la crainte d'une spéculation sur l'argent, quand cette même spéculation se fait journellement avec l'or e: dure depuis 20 ans, alors qu'on sait que cette spéculation enrichit les anglais et les financiers cosmopolites au détriment de notre agriculture, sans que l'on ait rien fait, rien tenté pour l'arrêter, car chacun sait que la monnaie d'or est accaparée depuis longtemps, et que la monnaie d'argent est escamotée, supprimée en Europe au profit des spéculateurs de l'or. La spéculation sur l'argent durera encore 3 mois, 6 mois peut-être ; les spéculateurs de l'or en souffriront, leur temps sera passé ; ils ne pourront plus doubler leurs fortunes en peu de temps, en ruinant les travailleurs français et européens : nous serons revenus à notre bienfaisante loi monétaire, si équitab e.

La France, débarrassée du fardeau qui l'oppresse, renaîtra à la vie, retrouvera sa vigueur, les producteurs reverront les prix rémunérateurs, et la prospérité qui leur a été enlevée depuis une vingtaine d'années.

On allègue : Il est évident pour tout le monde que la France reprenant à elle seule la frappe de l'argent, ne peut pas rétablir la parité des 2 métaux.

Nous répondrons à cela qu'il est au contraire évident que la France a maintenu cette parité de 1803 à 1873, ce qui n'est contesté par personne.

Or, ce que la France a fait avec succès pendant 70 ans, elle peut encore le faire demain, et ce, d'autant plus que tout le monde aux Congrès agricoles a reconnu que nos calamités ont pour cause la renonciation à ce même système, pratiqué pendant 70 ans, à la satisfaction générale universelle.

Aux Congrés on a dit : que ce serait nous jeter dans une aventure, que de vouloir marcher seul dans une question qui est de son essence même une question internationale.

Nous sommes loin d'être seuls, puisque nous avons les 3|4 du monde avec nous.

On ne s'explique pas que l'on puisse prétendre que « marcher seuls » dans une question qui a été résolue, il y a cent ans avec succès par nos pères seuls, puisse maintenant être une aventure, puisque la solution a fonctionné seule avec succès pendant 70 ans, puisqu'elle a contribué à la prospérité des peuples de l'univers, puisque les choses vont de mal en pis depuis que la solution a été escamotée.

Nos pères ont tranché seuls la question, ils n'ont pris l'avis de personne, c'est à la France de faire de même, ce que font les autres pays ne nous regarde pas.

On a dit : Pensez-vous que l'on puisse, du jour au lendemain, substituer à la monnaie actuelle, une autre monnaie qui ne vaudrait que 50 ou 60 0[0 de la monnaie actuelle ?

Oui, on le peut d'autant plus qu'avec la monnaie actuelle, 25 grammes d'argent monnayé en valent 50.

Or, on est plus riche avec 2 pièces cent sous qu'avec une. On veut nous faire croire qu'on est aussi riche avec 25 grammes d'argent qu'avec le double, moi je prétends avec raison; et tout le monde sera de mon avis, qu'on est plus riche avec 2 pièces 5 francs qu'avec une.

On dit qu'on craignait une pertubation énorme, une crise terrible ; pour éviter cette crise, il aurait fallu respecter notre loi monétaire ou y revenir plus tôt.

La perturbation qu'on a craint est inévitable et sera bien plus terrible en maintenant le système actuel, qui fait perdre à la production nationale et à la fortune publique plus de 5 millions par jour, qui mène tout à la ruine.

Quant à l'Etat, on se demande avec stupeur comment son budget pourrait être mis en déficit, alors qu'il paierait ses dettes en une monnaie qui aurait une valeur moitié moindre que celle d'aujourd'hui et qu'il rendrait à notre agriculture la prospérité d'autrefois.

On a parlé dans ces congrès des ruines individuelles qui résulteraient de la reprise de la frappe libre de l'argent. Si on avait pensé aux ruines incalculables qui ont anéanti des milliers de familles de cultivateurs, de commerçants et d'industriels depuis 23 ans et celles plus nombreuses encore qui sont malades, à la veille de disparaître, on ne parlerait pas de ces ruines indi- viduelles qui ne seront pas la centième partie des travailleurs français et européens, victimes innocentes de la plus grande spoliation qu'on ait jamais vue dans le monde ; qu'est-ce que la ruine individuelle de quelques spéculateurs de l'or, financiers cosmopolites comparée à la ruine totale d'un pays ? pense-t-on à cela.

On nous a dit : a-t-on songé aux ouvriers dont le salaire se trouverait par le fait réduit de moitié ou d'un tiers et aux conséquences politiques qui s'en suivraient.

Mais c'est le contraire qui est la vérité : depuis 20 ans, les ouvriers des campagnes ont vu leur salaire réduit, diminué, ils émigrent dans les villes, ils voient des ateliers fermés, des fermes abandonnées, des terres riches incultes, la production nationale avilie et mourante, ils voient tomber tous les culti- vateurs, tous les patrons travailleurs, ils se demandent tous avec anxiété et le cœur navré où l'on mène la France, l'avenir qui leur est réservé pour eux et leurs enfants.

Qu'on revienne donc, grand Dieu ! à la loi moné- taire de nos pères, qu'on ne renie pas plus longtemps les grands principes humanitaires préconisés par Mirabeau et autres grands hommes de notre Révolution, car notre loi monétaire est le corollaire de la liberté, de la déclaration des droits de l'homme.

Il n'y a plus de liberté pour les travailleurs et pour le peuple, quand des abus monstrueux, des lois spoliatrices les réduisent à la pauvreté, à la misère.

Avec la remise en vigueur de notre loi, le retour à la frappe libre d'argent, l'abondance de la monnaie reviendra, les affaires en ressentiront les effets salutaires, l'espoir renaîtra dans tous les cœurs des travailleurs, la confiance reviendra partout, les cultivateurs. débarassés de la concurrence déloyale des spéculateurs de l'or, pouvant lutter à armes égales, rendront à notre agriculture la prospérité, les ressources d'autrefois. qui permettront aux industries, à notre marine marchande et au commerce de se relever et de travailler pour permettre à la France de reprendre son rang dans le monde.

Tel est, à mon avis, le seul remède à la crise actuelle.

Eʀɴᴇsᴛ CAMBIER

Industriel Agriculteur,

Maire de Pont-à-Vendin (Pas-de-Calais),

Délégué du canton de Lens et désigné par les délégués des cantons de l'arrondissement de Béthune pour revendiquer, au nom des cultivateurs, la remise en fonction de notre loi monétaire, la reprise immédiate de la frappe libre de l'argent des pièces cent sous.

Pont-à-Vendin, le 19 décembre 1896.

TABLE

Laval. — Imp. L. Crépin, L. & G. Crépin, s⁣rs